Robert Thomas

Zur historischen Entwicklung der Metapher im Griechischen

Robert Thomas

Zur historischen Entwicklung der Metapher im Griechischen

ISBN/EAN: 9783744681803

Hergestellt in Europa, USA, Kanada, Australien, Japan

Cover: Foto ©ninafisch / pixelio.de

Weitere Bücher finden Sie auf **www.hansebooks.com**

Zur historischen Entwicklung der Metapher im Griechischen.

Inaugural-Dissertation

der

hohen philosophischen Fakultät

der

Universität Erlangen

zur

Erlangung der Doctorwürde

vorgelegt von

Robert Thomas

aus Hof.

Erlangen 1891.

Druck der Univ.-Buchdruckerei von E. Th. Jacob.

Schon die Alten haben erkannt, dass nicht alle Metaphern Erzeugnisse und Mittel rhetorischer oder poetischer Kunst sind, sondern dass viele vom Bedürfnis geschaffen sind und der Sprache des täglichen Lebens angehören. Ich führe die zwei Hauptstellen [1]) an:

Cic. de or. III 155: Tertius ille modus transferendi verbi late patet, **quem necessitas genuit inopia coacta et angustiis**, post autem iucunditas delectatioque celebravit. Nam ut vestis frigoris depellendi causa reperta primo, post adhiberi coepta est ad ornatum etiam corporis et dignitatem, sic verbi tralatio instituta est inopiae causa, frequentata delectationis. Nam **'gemmare vitis', 'luxuriem esse in herbis', 'laetas segetes' etiam rustici dicunt**. Quod enim declarari vix verbo proprio potest, id tralato cum est dictum, inlustrat id, quod intellegi volumus, eius rei, quam alieno verbo posuimus, similitudo.

Quintil. VIII 6, 4: Incipiamus igitur ab eo (scil. tropo), qui cum frequentissimus est tum longe pulcherrimus, translatione dico, quae μεταφορά Graece vocatur. Quae quidem cum ita est ab ipsa nobis concessa natura, **ut indocti quoque ac non sentientes ea frequenter utantur**, tum ita iucunda atque nitida, ut in oratione quamlibet clara proprio tamen lumine eluceat. (5) ... Transfertur ergo nomen aut verbum ex eo loco, in quo proprium est, in eum, in quo aut proprium deest aut translatum proprio melius est. (6) Id facimus, **aut quia necesse est aut quia significantius est**

---

1) Weitere Stellen s. bei Volkmann, Rhetorik der Griechen und Römer[2] S. 416. 418.

aut, ut dixi, quia decentius[1]) ... Necessitate rustici
'gemmam' in vitibus (quid enim dicerent aliud?) et
sitire segetes' et 'fructus laborare', necessitate
nos 'durum hominem' aut 'asperum': non enim proprium erat quod daremus his adfectibus nomen.

Im ganzen aber wandte sich die Aufmerksamkeit der
Alten vorzugsweise der anderen Gattung von Metaphern zu
da sie den Gegenstand ja im Zusammenhang der Rhetorik
behandelten, und für diese und ihre praktischen Zwecke
liess sich aus der Betrachtung von Metaphern, die auch der
Bauer im Munde führt, nichts gewinnen. Diese sind bei
Quintilian auch eigentlich von vorne herein ausgeschlossen
durch seine Definition des Tropus: Tropus est verbi vel
sermonis a propria significatione in aliam cum virtute
mutatio (VIII 6, 1).

Die neuere Zeit hat diese Unterscheidung wieder aufgenommen, aber wissenschaftlich vertieft und ausgebildet.
Vor allem stellt sich immer mehr heraus, dass die Bezeichnungen für abstrakte d. h. sinnlich nicht wahrnehmbare
Dinge alle im letzten Grunde Metaphern sind, d. h. auf einer
unbewusst sich vollziehenden Vergleichung der geistigen Vorgänge mit sinnlichen beruhen. Der alte Satz: Nihil est in
intellectu, quod non prius fuerit in sensu, hat für die Sprache
seine Wahrheit. Den Hauptanteil an diesem Ergebnis hat
die vergleichende Sprachwissenschaft, die eine lange Reihe
von Wörtern, welche wir in den einzelnen getrennten Sprachen
nur mehr in abstraktem Sinne gebraucht vorfinden, auf
Wurzeln mit sinnlicher Grundbedeutung zurückgeführt hat.
Nur einige wenige Beispiele. Das griechische τλῆναι und
das deutsche „dulden" gehören zur W. tal „aufheben, tragen" (Curt. GZ. No. 236); φάναι und fari zur W. ga

[1] Wir dürfen die beiden letzten Arten der ersten gegenüber
zusammenfassen, wie ja eigentlich schon Quintilian thut (in quo
aut proprium deest aut translatum proprio melius est). Übrigens
ist der bildliche Ausdruck, wenn er zutreffend ist, nicht nur schöner,
als der unbildliche, sondern auch bezeichnender; beides lässt
sich schwerlich trennen.

„scheinen" (ebd. No. 407), sind also ursprünglich gleichbedeutend mit φαίνειν; dicere zur W. dik „zeigen" (vgl. δεικνύναι, ebd. No. 14); „trösten" ist urprünglich „sättigen" (W. tarp, ταρπῆναι, mit Metathesis gotisch thraf-st-ja, ebd. No. 240).

Wir nennen die Metaphern, welche allgemeines Sprachgut sind und von dem Einzelnen ungesucht und unwillkürlich gebraucht werden, Sprachmetaphern, während wir diejenigen, welche von dem Einzelnen als rhetorische oder poetische Kunstmittel auf eigene Verantwortung gebildet oder angewendet werden, unter dem Namen der Autormetaphern zusammenfassen.[1])

Was nun das Griechische betrifft, so sind die letzten Jahrzehnte nicht arm gewesen an Arbeiten über Autormetaphern, besonders bei Dichtern, wo sie natürlich eine viel bedeutendere Rolle spielen, als bei Prosaschriftstellern, dagegen fehlt es noch an zusammenhängenden Untersuchungen über Sprachmetaphern.

Dies erklärt sich aus dem Zusammenhang, in dem sie zu betrachten sind. Die Sprachmetaphern fallen unter den Gesichtspunkt der Wortbedeutung, d. h. der Vorstellung, die man konstant mit einem Worte verbindet; die Übertragung ist eine der Kategorien, in die sich die Wandlungen der Wortbedeutung einreihen lassen. Für griechische Bedeutungslehre ist aber systematisch noch sehr wenig gethan, und doch wird jeder Sachverständige ihre Notwendigkeit anerkennen. Mit vollem Recht ruft M. Hecht in seiner Schrift: Die griechische Bedeutungslehre, eine Aufgabe der klassischen Philologie (Leipzig 1888), die Philologen

---

1) Diese Bezeichnungen scheinen mir die treffendsten und handlichsten zu sein. Sie sind zuerst vorgeschlagen von Fr. Brinkmann, Die Metaphern. I. Bonn 1878 S. 41 neben anderen Bezeichnungen (gemeine und besondere M., linguale und persönliche M.); Brinkmann selbst unterscheidet (nach Gottschalk) inkarnierte und poetische M. Die Sache ist jedenfalls überall dieselbe.

zur Arbeit auf diesem noch so wenig angebauten, aber gewiss fruchtbaren Gebiete auf.

Ein kleiner Beitrag zu dem umfangreichen und mühevollen Werke einer griechischen Bedeutungslehre möchten die vorliegenden Blätter sein. Ich habe die **griechische Litteratur von Homer bis zu Pindar, Aeschylus und ihren Zeitgenossen** auf Sprachmetaphern durchgearbeitet und führe im folgenden 83 Wörter vor, deren Bedeutung in Bezug auf Übertragung innerhalb dieses Zeitraums eine für uns wahrnehmbare Entwicklung durchgemacht hat.[1]

Dass bei der Trümmerhaftigkeit des uns vorliegenden Sprachmaterials gerade in dieser Periode von einer apodiktischen Sicherheit der im folgenden gemachten Angaben keine Rede sein kann, ist an sich klar. Ich will nicht behaupten, dass in allen Fällen die für uns erst nach Homer auftretenden Metaphern wirklich nicht zu seiner Zeit schon gebräuchlich waren; eine annähernde Sicherheit lässt sich nur bei häufig vorkommenden Wörtern, z. B. ἄκρος, erreichen. Für alle Untersuchungen auf dem Gebiete von Sprachen, die wir nicht mehr in ihrem Leben studieren können, ist Goethes Wort zu beherzigen: „Litteratur ist das Fragment der Fragmente; das Wenigste dessen, was geschah und gesprochen worden, ward geschrieben, vom Geschriebenen ist das Wenigste übrig geblieben" (Sprüche in Prosa).

Eine weitere Erschwerung liegt darin, dass uns das, was aus der erwähnten Zeit übrig geblieben ist, nicht einmal ein getreues Abbild der damals wirklich gesprochenen Sprache gibt. Schon Homer ist sehr reich an Überresten einer älteren Zeit, die sich nur als gangbare epische For-

---

[1] Ich beschränkte mich dabei auf die nomina und verba. Auch andere Redeteile, Adverbien, Präpositionen und Konjunktionen, können eine metaphorische Bedeutungsentwicklung durchmachen, wenn sie z. B. vom Raum auf die Zeit oder auf das kausale Verhältnis übertragen werden (vgl. in Heerdegens Lat. Semasiologie, Berlin 1890, das Kap. „Pronominale Translation und Determination", S. 143 ff.); doch würde mich eine Berücksichtigung auch dieser Fälle zu weit geführt haben.

meln bei ihm erhalten haben, und der Sprachschatz der nachhomerischen Dichtungen ist wieder von Homer in hohem Grade abhängig. Am weitesten entfernt sich von der Sprache des gewöhnlichen Lebens die dorische Kunstlyrik, während bei der Tragödie wenigstens der Dialog ihr näher kommt. Von der Prosa kamen nur wenige Fragmente (z. B. des Heraklit) in betracht. Wir müssen also das Individuelle sowohl als das nachgeahmt Altertümliche nach Möglichkeit ausscheiden, wenn wir ein halbwegs entsprechendes Bild von der Sprache des Lebens gewinnen wollen.

Auch die Scheidung zwischen Sprach- und Autormetaphern, so notwendig sie ist, ist manchmal schwer, in einzelnen Fällen vielleicht gar nicht durchzuführen; es gibt ein Mittelgebiet von Ausdrücken, bei denen man schwanken kann, welcher Kategorie sie zuzuweisen sind, wie jeder einsehen wird, der etwa an seiner Muttersprache eine Probe daraufhin machen will. Sollte man daher in der vorliegenden Arbeit dieses oder jenes für zu viel halten, so möge man es mit dieser Schwierigkeit entschuldigen. Auch manche Metapher, die an sich als stehend und der ganzen Sprache angehörig betrachtet werden kann, erhält bei Dichtern oft durch eigentümliche Verwendung ein ganz individuelles Gepräge; dies ist besonders bei Pindar der Fall, dessen Sprache überhaupt vielleicht die subjektivste ist, welche wir bei einem Schriftsteller im Bereiche der antiken Litteratur finden. Ich führte jedoch in der Regel auch solche Stellen auf, da sie sich doch in gewisser Beziehung an die Sprache des Lebens anlehnen.

Bei der Mehrzahl der besprochenen Fälle handelte es sich um die Konstatierung der einfachen Thatsache, dass ein Wort so und so lang nur im eigentlichen Sinn und von einer bestimmten Stelle an auch metaphorisch gebraucht erscheint, manchmal aber auch nur um das Aufkommen einer bestimmten Übertragung neben und nach andern; so kennt Homer ἁρμονία, δέχομαι, μέτρον schon übertragen, aber noch nicht in einem gewissen Sinn, in dem die Wörter dann besonders geläufig sind.

Doch auch die Weiterentwicklung eines Worts innerhalb der übertragenen Bedeutung und das Verhältnis dieser zur eigentlichen Bedeutung glaubte ich ins Auge fassen zu müssen. Die Übertragung hält sich zunächst und vielfach für immer ganz im Rahmen der eigentlichen Bedeutung, d. h. sie erweckt in uns keine Vorstellungen, die nicht mit denen der Grundbedeutung, wenn auch in einer andern Begriffssphäre, korrespondieren. Πρήσσειν heisst ursprünglich „durchfahren", λέγειν „sammeln", γράζειν „zeigen". So lange nun πρήσσειν metaphorisch „vollenden", λέγειν „zählen, erzählen", γράζειν „anzeigen, kundthun" bedeutet, bleibt die Übertragung im Bereich der Grundbedeutung; wenn sie sich aber selbständig fortentwickelt und πρήσσειν (πράσσειν) „thun", λέγειν und γράζειν „sagen" bedeuten, so ist damit zugleich eine Entfremdung vom Grundbegriff dieser Verba eingetreten, und deshalb musste ich solche Wörter über die erste Übertragung hinaus verfolgen.

In den meisten Fällen, so in den drei eben erwähnten, hängt diese Loslösung von der Grundbedeutung des Wortes damit zusammen, dass diese, nachdem das Wort übertragen ist, allmählich in den Hintergrund tritt und schliesslich verschwindet. Es ist ebenso interessant als wichtig, das nach der Übertragung eintretende Verhältnis zwischen der eigentlichen und der übertragenen Bedeutung zu beobachten. In sehr vielen Fällen bestehen beide Bedeutungen ruhig neben einander, manchmal aber verdrängt die jüngere Bedeutung die ältere und nimmt allein von dem Worte Besitz. Dieses Absterben der Grundbedeutung werden wir ausser bei den erwähnten Wörtern πρήσσειν, λέγειν und γράζειν noch bei manchen anderen finden, z. B. bei ἀνύειν, κωφός, πικρός, κελεύειν, ἄρχειν.

Diese Erscheinung ist natürlich nicht an die Bedingung geknüpft, dass die jüngere Bedeutung durch Übertragung entstanden ist; dieselbe kann vielmehr ebensogut eine Verengerung oder Beschränkung des Grundbegriffs sein. Ein solcher Fall ist gelegentlich z. B. unter διώκω erwähnt. —

Homer[1]) ist zitiert nach den Ausgaben von **Ameis-Hentze**, die homerischen Hymnen nach **Gemoll**, Hesiod nach **Göttling-Flach** (unter Berücksichtigung von Rzach und Sittl), die Fragmente der Epiker (Hesiod ausgenommen) nach **Kinkel**, die Fragmente der Lyriker nach **Bergk** Poet. lyr. Gr.⁴ II. III. (1882), die Fragmente der Philosophen (und Epicharms) nach **Mullach** I., Pindar nach **Christ**, die Fragmente nach **Bergk** PLG.⁴ I., Aeschylus nach **Wecklein** (worauf ich wegen der Zählung der Verse, die von der Dindorf'schen oft abweicht, besonders aufmerksam mache), die Fragmente nach **Dindorf** Poet. scen. Gr.⁵ 1870.

Auch die griechischen Inschriften, die für den behandelten Zeitraum in betracht kommen, wurden durchgesehen nach **Kochl, Inscriptiones Graecae antiquissimae praeter Atticas in Attica repertas** (Berol. 1882), und dem I. Bande des **Corpus inscriptionum Atticarum** (Berol. 1873).

Von griechischen Lexicis wurden benützt der **Thesaurus, Passow** und **Pape**, von Spezialwörterbüchern zu Homer die von **Damm-Duncan, Autenrieth, Ebeling**, zu Pindar das von **Rumpel**, zu Aeschylus das von **Dindorf**.

Die Anregung zu der vorliegenden Arbeit verdanke ich Herrn Prof. Dr. Ferdinand Heerdegen in Erlangen, der durch seine semasiologischen Forschungen — ich nenne hier nur die Lateinische Semasiologie, Berlin 1890 — von

---

1) Bei Homer wurde Ilias und Odyssee, abgesehen von einigen untergeordneten Notizen, jede für sich als Einheit gefasst, und natürlich jene als der ältere, diese als der jüngere Teil der homerischen Gedichte. Wenn auch gewiss manche Bestandteile der Ilias nicht älter sind, als selbst späte Stücke der Odyssee, so ist man doch berechtigt, im ganzen die Odyssee als das jüngere Epos zu behandeln.

neuem den Blick auf das lange vernachlässigte und doch so wichtige und fruchtbare Gebiet der Bedeutungslehre gelenkt hat. Betreffen diese Arbeiten auch zunächst das Lateinische, so sind doch die allgemeinen Grundsätze, die in ihnen niedergelegt sind, ebensogut auf das Griechische anwendbar, vor allem die von **Heerdegen** aufgestellten Hauptprinzipien des Bedeutungswandels: die Translation oder Bedeutungsübertragung und die Determination oder Verengerung (Beschränkung) der Bedeutung. Ich mache darauf aufmerksam, dass sich „Translation" in diesem Sinne nicht mit „Metapher" deckt, dass erstere vielmehr, wie H. in der Lat. Sem. S. 66 Anm. bemerkt, auch die Metonymie in sich begreift, soweit diese in semasiologischer Beziehung überhaupt in betracht kommt (Beispiele unter ἀγών und πρεσβύτατος).

ἀγών.

Die jüngere, aber schon bei Homer (in der Odyssee ϑ 259) vorkommende Bedeutung „Wettkampf" verdrängt allmählich die ursprüngliche Bedeutung „Versammlungsplatz", „Versammlung".[1]) Von ihr gehen auch die später sehr geläufigen Übertragungen des Wortes aus, von denen wir die ersten Beispiele bei Aeschylus finden. Bei ihm steht ἀγών metaphorisch für „Prozess" (Eum. 680 und 747 πῶς ἀγὼν κριθήσεται) und für „Kampf" überhaupt (Pers. 408 νῦν ὑπὲρ πάντων ἀγών. Ag. 1376 ἀγὼν — νείκης παλαιᾶς). Dass er Übertragungen der letzteren Art noch in voller Frische

---

1) Der Gang der Bedeutungsentwicklung von ἀγών ist folgender: ἀγών ist ursprünglich jede Vereinigung und ihr Platz. So von leblosen Dingen nur noch bei Homer, und auch da nur in der einen Verbindung mit νεῶν bezw. νηῶν O 428. Π 500. T 42. Π 239. Υ 33 (vgl. ἐν νηῶν ἀγύρει Ω 141). Bei den Böotiern war ἀγών gleichbedeutend mit ἀγορά: schol. Ven. B ad Hom. Ω 1 παρὰ δὲ Βοιωτοῖς ἀγὼν ἡ ἀγορά, καὶ τὸν ἀγορανόμον ἀγώναρχον καλοῦσιν, ὅθεν καὶ ἀγωνίους θεοὺς Αἰσχύλος (Ag. 513) τοὺς ἀγοραίους καὶ 'Ησίοδος 'ἐρχόμενον δ' ἂν' ἀγῶνα', welch letzteres nun Rzach Theog 91 an Stelle des überlieferten ἐρχόμενον δ' ἀνὰ ἄστυ eingesetzt hat. Wie ἀγορά ist das Wort gebraucht auch Pind. P. 10, 29 ἐς 'Υπερβορέων ἀγῶνα und Aesch. Ag. 836 κοινοὺς ἀγῶνας θέντες.

Mit eingeschränkter (determinierter) Bedeutung bezeichnet ἀγών sodann die Versammlung zum Zweck von Spielen und ihren Platz. So häufig in Ψ, dann Hes. Scut. 312 τοῖσι δὲ καὶ προέκειτο μέγας τρίπος ἐντὸς ἀγῶνος. Pind. O. 10, 24. P. 1, 44. 9, 114.

Mit metonymischer Translation (für den Ort das, was dort stattfindet) steht schliesslich das Wort für die Wettspiele selbst, zuerst ϑ 259, dann Hes. Th. 435. h. Ap. 150. Xenophan. fr. 2, 7. 18; später die allein herrschende Bedeutung von ἀγών.

empfand, beweisen folgende Stellen, in denen nähere Bestimmungen in echt aeschyleischer Weise dem bildlichen Ausdruck eine wesentliche Eigenschaft des eigentlichen ergänzend hinzufügen: Eum. 915 τῶν ἀρειφάτων — ἀγώνων (vom Krieg). Ch. 582 ξιφηφόρους ἀγῶνας. 725 ξιφοδηλήτοισιν ἀγῶσιν (vom Kampf des Orestes wider seine Mutter).

ἀέναος

„immer fliessend, unversieglich" findet sich noch nicht bei Homer, der dafür ἀενάων hat (ν 109 ὕδατ' ἀενάοντα), bei Hesiod zweimal, und zwar im eigentlichen Sinn: Op. 595 κρήνης ἀενάου. 737 ἀενάων ποταμῶν. So auch bei Simon. Ceus fr. 57, 2. 120, 2 und Aesch. Suppl. 562.

In der übertragenen Bedeutung „immerwährend, unaufhörlich" lesen wir ἀέναος zuerst bei Simon. Ceus fr. 4, 9 ἀέναον κλέος, bei Heraclit. fr. 26 Schust. in derselben Verbindung, und bei Pindar P. 1, 6 ἀενάου πυρός. N. 11, 8 ξενίον Διὸς — ἀενάοις ἐν τραπέζαις. O. 14, 12 ἀέναον τιμάν. fr. 119, 4 ἀενάου πλούτου.

ἄκρατος

(Homer ἄκρητος), „ungemischt", besonders von unverdünntem Weine, wurde gern metaphorisch gebraucht von dem, was seine ursprüngliche Kraft und Reinheit besitzt, oft mit dem tadelnden Nebenbegriffe des Ungemilderten, Zügellosen. Das erste Beispiel dieser Metapher ist Aesch. Pr. 705 ἄκρατος ὀργὴν Ἄργος „ungemildert in seiner Wut".

Persönlich aeschyleisch ist die Übertragung des Gegenteils ὑδαρής „mit Wasser verdünnt" auf Lauheit der Gesinnung: Ag. 789 οὐκ ἔστι λαθεῖν ὄμματα φωτός, τὰ δοκοῦντ' εὔφρονος ἐκ διανοίας (scil. σαίνειν) ὑδαρεῖ σαίνει φιλότητι.

ἄκρος

gebraucht Homer sehr oft, aber nur im eigentlichen, örtlichen Sinne von dem, was sich am äussersten Ende eines

Gegenstandes befindet, z. B. *E* 336 ἄκρην οὔτασε χεῖρα. *Z* 257 ἐλθόντ' ἐξ ἄκρης πόλιος.

Eine Übertragung scheint vorzuliegen nur in ἀκραής (*β* 421 ἀκραῆ Ζέφυρον. ξ 253 = 299 Βορέῃ ἀνέμῳ ἀκραέι καλῷ. Auch Hes. Op. 594 ἀκραίος Ζεφύρου), das gewöhnlich als Zusammensetzung aus ἄκρος und ἄημι mit „starkwehend" erklärt wird. Aber muss schon der Umstand, dass ἄκρος allein bei Homer nie in Übertragung erscheint, diese Erklärung verdächtig machen, so noch mehr die Thatsache, dass ἄκρος, wo es später metaphorisch gebraucht wird, nicht das Starke an sich bezeichnet (am wenigsten das physisch Starke), sondern das in seiner Art Ausgezeichnete, Vortreffliche Und so fassen denn auch die Scholien den ἀκραῆ Ζέφυρον als den den Bedürfnissen vorzüglich entsprechenden (ἐπιτήδειον, ἄκρως πνέοντα πρὸς τὰς χρείας, οὐ πλέον οὐκ ἔλαττον, ähnlich Hesych.). Doch es ist klar, dass diese Erklärung eine Verblasstheit des dem metaphorischen ἄκρος zu grunde liegenden Bildes voraussetzt, wie wir sie für das erste Auftreten desselben nicht annehmen dürfen.

Ich glaube, dass in ἀκραής überhaupt keine Zusammensetzung aus ἄκρος und ἄημι vorliegt, sondern eine Bildung vom Stamm κρα miscere mit *α* priv. Ἀ—κραής heisst dann „ungemischt", wie εὐ—κραής „wohlgemischt", δυσ—κραής (bei Oppian) „schlechtgemischt". Der Wind wird durch dies Epitheton als ein reiner, entschiedener, stetiger bezeichnet, der nicht umspringt oder mit andern Winden kämpft und dadurch Wirbel erzeugt. Man vergleiche in der Beschreibung des Wirbelwindes, der das Floss des Odysseus vernichtet, besonders ε 317 δεινὴ μισγομένων ἀνέμων ἐλθοῦσα θύελλα; ferner den Ausdruck κεκριμένον — οὖρον Ξ 19 (Am. — II. „ein entschiedener, der eine feste Richtung einhält") und bei Hes. Op. 670 τῆμος δ' εὐκρινέες („wohlgeschieden") τ' αὖραι καὶ πόντος ἀπήμων, dem entgegensteht v. 621 δὴ τότε παντοίων ἀνέμων θύουσιν ἀῆται.

Doch nun zurück zu ἄκρος. Wir finden es übertragen zuerst bei Hesiod, und zwar auf die Zeit in dem comp.

ἀκροκνέφαιος (Op. 567 Ἀρκτοῦρος — ἐπιτέλλεται ἀκροκνέφαιος „mit Beginn der Dämmerung"), ebenso vom Anfang eines Zeitabschnittes bei Pindar P. 11, 10 ἄκρᾳ σὺν ἑσπέρᾳ· 5, 7 αἰῶνος ἀκρᾶν βαθμίδων ἄπο; dagegen steht es vom zeitlichen Ende Theogn. 594 μηδ' ἀγαθοῖσιν τερφθῆς ἐξαπίνης, πρὶν τέλος ἄκρον ἰδεῖν, und in derselben Verbindung Simon. C. fr. 123, 2.

Ungleich beliebter sind die Übertragungen von ἄκρος und von dem substantivierten Neutrum ἄκρον „Spitze, Höhe" auf das geistige Gebiet. Ein reicher ausgeführtes Bild gibt noch die berühmte hesiodeische Stelle Op. 289 ff.:

τῆς δ' ἀρετῆς ἱδρῶτα θεοὶ προπάροιθεν ἔθηκαν
ἀθάνατοι· μακρὸς δὲ καὶ ὄρθιος οἶμος ἐς αὐτὴν
καὶ τρηχὺς τὸ πρῶτον· ἐπὴν δ' εἰς ἄκρον ἵκηται,
ῥηιδίη δὴ ἔπειτα πέλει, χαλεπή περ ἐοῦσα,

woran sich eng anschliesst Sim. C. fr. 58, 5 ᾧ μὴ δακέθυμος ἱδρὼς ἔνδοθεν μόλῃ θ', ἵκηταί τ' ἐς ἄκρον ἀνδρείας; die später auch der Prosa geläufige Metapher zeigt bereits Tyrt. fr. 12, 43 ταύτης νῦν τις ἀνὴρ ἀρετῆς εἰς ἄκρον ἱκέσθαι πειράσθω θυμῷ und dann Pind. N. 6, 27 πρὸς ἄκρον ἀρετᾶς ἦλθον.

Pindar, der naturgemäss in den Ausdrücken für Herrliches, Hervorragendes eine grosse Mannigfaltigkeit zeigt, liebt überhaupt die Übertragung von ἄκρος und ἄκρον auf das geistige Gebiet: N. 1, 11 ἔστι δ' ἐν εὐτυχίᾳ πανδοξίας ἄκρον. O. 13, 15 ἄκραις ἀρεταῖς. J. 6, 18 σοφίας ἄωτον ἄκρον. 3, 50 τέλος ἄκρον „das höchste Ziel": P. 9, 118 τέλος — ἄκρον „höchster Siegespreis"; ferner das comp. ἀκρόσοφος O. 11, 19. fr. 238 Bekh. Doch kennt Pindar nicht den bei den Attikern beliebten Gebrauch, ἄκρος von dem zu sagen, der in seinem Fach hervorragend geschickt und tüchtig ist; so braucht das Wort zuerst Aeschylus Ag. 633 ἔκυρσας ὥστε τοξότης ἄκρος σκοποῦ und 1122 οὐ κομπάσαιμ' ἂν θεσφάτων γνώμων ἄκρος εἶναι, κακῷ δέ τῳ προσεικάζω τάδε.

ἀνύω.

Wie πρήσσω (s. u.), so hat auch ἀνύω ursprünglich die ganz sinnliche Bedeutung „eine Strecke im Raume durchmessen, zurücklegen"; bei ἀνύω scheint man dieselbe aber noch nicht, wenigstens nicht als Grundbedeutung, erkannt zu haben.

Und doch liegt sie vollkommen klar vor in ο 294 ὄφρα τάχιστα νηῦς ἀνύσειε θέουσα θαλάσσης ἁλμυρὸν ὕδωρ (wiederholt im hymn. Ap. 434). Für πρήσσειν hat sie zuerst Buttmann (Lexilogus II 196 f.) erschlossen aus ι 491 ἀλλ' ὅτε δὴ δὶς τόσσον ἅλα πρήσσοντες ἀπῆμεν; was aber sollte ἁλμυρὸν ὕδωρ ἀνύειν dort anderes bedeuten als hier ἅλα πρήσσειν? Döderlein im Hom. Gloss. II 176 führt die Stelle ο 294 an als Beleg für den intransitiven Gebrauch von ἀνύειν „ans Ziel kommen, pervenire"; aber ὕδωρ als Objektsakkusativ zu θέουσα zu ziehen ist doch unmöglich. Folglich müssen wir „durchfahren" als eine Bedeutung von ἀνύειν anerkennen, und weil sie die meiste sinnliche Frische hat und die andere Bedeutung „vollenden" sich ebenso leicht aus ihr ergibt, wie bei dem analog sich entwickelnden πρήσσειν (s. d. W.), so werden wir auch mit Recht in ihr die Grundbedeutung sehen.

Nun werden wir auch in der Stelle δ 357 τόσσον ἄνευθ', ὅσσον τε πανημερίη γλαφυρὴ νηῦς ἤνυσεν, ᾗ λιγὺς οὖρος ἐπιπνείῃσιν ὄπισθεν die Grundbedeutung wiederfinden, ebenso in ἀπανύω η 326 καὶ μὲν οἱ ἔνθ' ἦλθον καὶ ἄτερ καμάτοιο τέλεσσαν ἤματι τῷ αὐτῷ καὶ ἀπήνυσαν οἴκαδ' ὀπίσσω („sie fuhren wieder zurück") und in διανύω, wo die Präposition den Grundbegriff des Wortes verstärkt, wie in διαπρήσσω: h. Ap. 108 βῆ ῥα θέειν, ταχέως δὲ διήνυσε πᾶν τὸ μεσηγύ. h. Cer. 380 ῥίμφα δὲ μακρὰ κέλευθα διήνυσαν. h. Merc. 337 πολὺν διὰ χῶρον ἀνύσσας. Hes. Op. 635 πολὺν διὰ πόντον ἀνύσσας. Theogn. 511 βαθὺν διὰ πόντον ἀνύσσας.

Die primitivere Form des Verbums ist bekanntlich ἄνω; von den drei Stellen, an denen es bei Homer steht (γ 496 ἤνον ὁδόν. Σ 473 ἔργον ἄνοιτο. Κ 251 νὺξ ἄνεται), weist aber keine mehr die Grundbedeutung auf; denn γ 496 lautet im Zusammenhang ἷξον δ' ἐς πεδίον πυρηφόρον, ἔνθα δ' ἔπειτα ἤνον ὁδόν· τοῖον γὰρ ὑπέκφερον ὠκέες ἵπποι, also nicht „legten sie den Weg zurück", sondern „beendigten sie den Weg".

So steht auch ἀνύειν, wie πρήσσειν, bei Homer in der Bedeutung „zu stande bringen, vollenden, ausrichten": Α 56 οὐκ ἀνύω φθονέουσ', („ich richte mit meinem Neid nichts aus"). ε 243 θοῶς δέ οἱ ἤνυτο ἔργον. π 373 ἀνύσσεσθαι τάδε ἔργα. Ganz wie πρῆξις ist ἄνυσις gebraucht δ 544 μηκέτι — κλαῖ', ἐπεὶ οὐκ ἄνυσίν τινα δήομεν; vgl. κ 202 ἀλλ' οὐ γάρ τις πρῆξις ἐγίγνετο μυρομένοισι und Ω 524 οὐ γάρ τις πρῆξις πέλεται κρυεροῖο γόοιο („mit dem Jammern richtet man nichts aus"), wo nach dem Zeugnis der Scholien eine andere Lesart οὐ γάρ τίς τ' ἄνυσις π. κ. γ. bestand.

Zum Schluss sei noch bemerkt, dass die von uns oben nachgewiesene Grundbedeutung von ἀνίω „durchmesse, durchfahre"[1]) trefflich im Einklang steht mit der im Lex. Hom. vorgeschlagenen Ableitung des Worts von ἀνά (im Sinne von „durch — hin", wie z. B. Ζ 505 σεύατ' ἔπειτ' ἀνὰ ἄστυ. κ 275 ἰὼν ἱερὰς ἀνὰ βήσσας).

---

[1]) Goebel im Lexilogus II 45 ff. stellt nach den Glossen des Hesychios προσάνων· προσαίξων· ἄνειν γὰρ τὸ αὔξειν, καὶ ἄνην τὴν αὔξησιν. — ἀνύοντα· ἀναπληροῦντα. — ἄνυσις· σπεῦσις, αὔξησις als Grundbedeutung von ἄνειν und ἀνύειν auf „gedeihen lassen, fördern". Diese Bedeutung wird dann den homerischen Stellen untergelegt, oft gewaltsam. So wird die oben besprochene Stelle ο 294 übersetzt: „Damit das Schiff aufs schnellste seinen Lauf durch des Meeres salziges Wasser fördere". ὕδωρ ἀνύειν kann aber doch nichts anderes sein als „das Wasser durchfahren". Wir haben eine bessere Quelle für die Erkenntnis der Grundbedeutung von ἀνύειν als hesychische Glossen, nämlich den homerischen Sprachgebrauch selbst, der das Wort als einen Doppelgänger von πρήσσειν erweist.

ἄξιος.

Ganz im Einklang mit der homerischen Bedeutung des Wortes steht die bereits von den Alten gegebene Ableitung von ἄγω, welcher Curtius (GZ. No. 117) beistimmt. Denken wir uns nämlich auf die eine Schale einer Wage den zu wägenden Gegenstand und dann auf die andere Schale ein entsprechendes Gewicht gelegt, so wird dieses die andre Schale mit dem Gegenstand in die Höhe ziehen: das nannten die Griechen ἄγειν oder ἕλκειν und gebrauchten daher beide Verba einfach für „wiegen"; z. B. Demosth. 49, 32 ὅσον ἦγον αἱ φιάλαι. Hdt. I 50 (ἡμιπλίνθια) τρίτον ἡμιτάλαντον ἕκαστον ἕλκοντα. So bedeutet also ἄξιος ursprünglich „aufwiegend", „gleich an Gewicht", und daher „gleich an Wert".[1])

Ganz eigentlich nun finden wir dieses Wort auch bei Homer nicht mehr gebraucht: nirgends sehen wir Gegenstand und Preis zugleich auf der Wage. Der Grundbedeutung ganz nahe stehen Fälle, in denen eine materielle Gleichwertigkeit durch ἄξιος ausgedrückt ist: Ψ 885 λέβητ' ἄπυρον, βοὸς ἄξιον. 562 δώσω οἱ θώρηκα — πολέος δέ οἱ ἄξιος ἔσται, ähnlich Θ 405. ο 388 ὃ δ' ἄξιον ὦνον ἔδωκεν, ebenso 429. ν 383 τοὺς ξείνους — ἐς Σικελοὺς πέμψωμεν, ὅθεν κέ τοι ἄξιον ἄλφοι.

In Z 46 = Λ 131 ζώγρει, Ἀτρέος υἱέ, σὺ δ' ἄξια δέξαι ἄποινα und in I 261 σοὶ δ' Ἀγαμέμνων ἄξια δῶρα δίδωσι μεταλλήξαντι χόλοιο ist der eine Faktor bereits unsinnlicher Art.

Aber auch die vollständig ausgebildete Übertragung hält sich bei Homer noch ganz im Bereiche der Grundbedeutung: ἄξιος heisst immer „aufwiegend, gleichwertig", nirgends

---

[1] ἄξιος ist also ursprünglich gleichbedeutend mit dem homerischen ἀ-τάλαντος „gleichwiegend" nur mehr übertragen, z. B. Ὀδυσῆα Διὶ μῆτιν ἀτάλαντον Β 169, zu „ähnlich, vergleichbar" abgeschwächt Μ 463 Ἕκτωρ ἐνὶ δοῂ εἴκελος ἐπόρνυα. Ψ 795 οἳ δ' ἴσαν ἀργαλέων ἀνέμων ἀτάλαντοι ἐΰλῃ, und dem späteren ἰσόρροπος (z. B. Aesch. Pers. 349 τάλαντα βρίσας οὐκ ἰσορρόπῳ τύχῃ).

„würdig". Θ 234 ἠγοράασθε Τρώων ἄνθ' ἑκατόν τε διηκοσίων τε ἕκαστος στήσεσθ' ἐν πολέμῳ νῦν δ' οὐδ' ἑνὸς ἄξιοί εἰμεν. Ν 446 ἦ ἄρα δή τι ἐΐσκομεν ἄξιον („ein Ersatz") εἶναι τρεῖς ἑνὸς ἀντὶ πεφάσθαι; Ξ 472 ἦ ῥ οὐχ οὗτος ἀνὴρ Προθοήνορος ἀντὶ πεφάσθαι ἄξιος; „wiegt der Tod dieses Mannes nicht den des P. auf?" Ο 719 νῦν ἡμῖν πάντων Ζεὺς ἄξιον ἦμαρ ἔδωκεν „einen Tag, der alle früheren Verluste aufwiegt". α 318 σοὶ δ' ἄξιον ἔσται ἀμοιβῆς scil. δῶρον „dir aber wird ein Geschenk zu teil werden, das eine Vergeltung, einen Ersatz aufwiegt, den Wert eines Ersatzes hat, also ein dem Wert des deinigen entsprechendes Gegengeschenk" Am.-H. im Anh. z. d. St.

Es springt sofort in die Augen, dass in diesen Fällen der Übertragung ἄξιος eine andere Bedeutung hat, als die uns sonst geläufige. Der Begriff des Wertes ist unzertrennlich von dem Worte, bei Homer aber handelt es sich daneben um die Gleichheit, bei den Späteren überhaupt um das richtige Verhältnis zweier Faktoren. θανάτου ἄξιος heisst homerisch „den Tod aufwiegend", nach dem späteren Sprachgebrauch „des Todes würdig". So findet also innerhalb der Übertragung eine Weiterentwicklung und zugleich eine Entfernung vom Grundbegriff des Wortes statt.

Dagegen hat ἄξιος die Bedeutung der Gleichwertigkeit behalten, wo es sich um materielle Werte handelt, z. B. στολὴ πολλοῦ χρυσοῦ ἀξία Xen. Hell. IV 1, 13; so auch in den Einen Begriff bildenden Redensarten πολλοῦ, πλείστου, οὐδενὸς ἄξιος u. ä., auch wo diese auf Menschen übertragen werden, z. B. Theogn. 456 οὐδενὸς ἄξιος εἶ. —

Bei dem für uns ältesten Elegiker Kallinos finden wir ἄξιος noch zweimal ganz in der homerischen Weise gebraucht: fr. 1, 18 ff.

λαῷ γὰρ σύμπαντι πόθης κρατερόφρονος ἀνδρός
θνήσκοντος ζώων δ' ἄξιος ἡμιθέων·
ὥσπερ γάρ μιν πύργον ἐν ὀφθαλμοῖσιν ὁρῶσιν·
ἔρδει γὰρ πολλῶν ἄξια μοῦνος ἐών·

„er ist den Halbgöttern gleich" „allein vollbringt er, was die Thaten vieler aufwiegt".

In der späteren Bedeutung „würdig" begegnet uns ἄξιος zuerst bei Alkaios fr. 21 Μέλαγχρος αἴδως ἄξιος εἰς πόλιν (wo Bergk vermutet M., αἴδ. ἄξ. ἧς πόλι), dann bei Xenophanes fr. 2, 11 οὐκ ἐὼν ἄξιος, ὥσπερ ἐγώ, bei Theognis v. 77

πιστὸς ἀνὴρ χρυσοῦ τε καὶ ἀργύρου ἀντερύσασθαι
ἄξιος ἐν χαλεπῇ, Κύρνε, διχοστασίῃ,

ein interessantes Beispiel, weil nach homerischem Sprachgebrauch ἀντερύσασθαι völlig überflüssig wäre, bei Pindar J. 3, 3 ἄξιος εὐλογίαις ἀστῶν μεμίχθαι, bei Aeschylus öfter, z. B. Ag. 1528 ἄξια δράσας ἄξια πάσχων. Bei Pindar und Aeschylus tritt ausserdem ἀξιόω auf, dem ἄξιος in der Bedeutung „würdig" zu grunde liegt.

Das comp. ἀντάξιος dagegen, in dem der Begriff der Gleichwertigkeit noch eigens durch ἀντί ausgedrückt ist, bleibt seinem Grundbegriff auch in der Übertragung treu. Vgl. mit I 401 οὐ γὰρ ἐμοὶ ψυχῆς ἀντάξιον οὐδ' ὅσα φασὶν Ἴλιον ἐκτῆσθαι „alle Schätze Ilions wiegen mir nicht mein Leben auf" und Λ 514 ἰητρὸς γὰρ ἀνὴρ πολλῶν ἀντάξιος ἄλλων die nachhomerischen Beispiele hymn. Merc. 437 πεντήκοντα βοῶν ἀντάξια. Hdt. II 148 ἦσαν μέν νυν καὶ αἱ πυραμίδες λόγου μέζονες καὶ πολλῶν ἑκάστη ἀντίων Ἑλληνικῶν ἔργων καὶ μεγάλων ἀνταξίη. VII 103 εἰ γὰρ ἐκείνων ἕκαστος δέκα ἀνδρῶν τῆς στρατιῆς τῆς ἐμῆς ἀντάξιός ἐστι, σὲ δέ γε δίζημαι εἴκοσι εἶναι ἀντάξιον.

Die homerische Bedeutung von ἄξιος zeigt noch ἐπάξιος bei Pindar N. 7, 89 χάρμα πάντων ἐπάξιον „eine alles aufwiegende Freude"; sonst hat das comp. bei ihm (J. 3, 62 πυρσὸν ὕμνων —, παγκρατίου στεφάνωμ' ἐπάξιον), wie bei Aeschylus (Pr. 70 ὁρῶ κυροῦντα τόνδε τῶν ἐπαξίων u. ö.), die spätere Bedeutung des simplex.

ἅπτομαι

kennt Homer nur in der eigentlichen Bedeutung „fasse an, lege Hand an", z. B. Λ 512 ἥψατο γούνων. Β 152 ἅπτεσθαι νηῶν ἠδ᾽ ἑλκέμεν εἰς ἅλα δῖαν. Daraus entwickelt sich die später sehr gewöhnliche Übertragung „sich mit etwas befassen, beschäftigen", deren erste Beispiele wir bei Pindar finden: P. 3, 29 ψευδέων δ᾽ οὐχ ἅπτεται. 10, 28 ὅσαις δὲ βροτὸν ἔθνος ἀγλαΐαις ἁπτόμεσθα. Pindar gebraucht ausserdem in analoger Übertragung die comp. ἐφάπτομαι (O. 9, 12 οὗτοι χαμαιπετέων λόγων ἐφάψεαι. P. 8, 60 μαντευμάτων ἐφάψατο συγγόνοισι τέχναις, wo μαντευμάτων nicht von ἐφάψατο, sondern von τέχναις abhängt; der Dativ wie oben P. 10, 28 u. ö., so O. 1, 88 οὐδ᾽ ἀκράντοις ἐφάψατο ἔπεσι) und συνεφάπτομαι (O. 10, 97 συνεφαπτόμενος σπουδᾷ, was der schol. mit συνεργῶν, συλλαμβανόμενος erklärt); Aeschylus hat συνάπτομαι „ich lege mit Hand an, helfe mit": Pers. 726 γνώμης δέ πού τις δαιμόνων ξυνήψατο. 744 ἀλλ᾽ ὅταν σπεύδῃ τις αὐτός, χὠ θεὸς συνάπτεται.

ἀρκέω

hat bei Homer nur die eigentliche Bedeutung „abwehren, helfen gegen etwas" (daher auch „beistehen"), z. B. Z 16 ἀλλά οἱ οὔ τις τῶν γε τότ᾽ ἤρκεσε λυγρὸν ὄλεθρον. N 371 οὐδ᾽ ἤρκεσε θώρηξ χάλκεος, ὃν φορέεσκε. π 261 φράσαι, ἢ κεν νῶιν Ἀθήνη-ἀρκέσει „beistehen wird".

Daraus entwickelte sich die übertragene Bedeutung „vorhalten, genügen, hinreichen". Dass dieselbe schon zu Hesiods Zeit geläufig war, schliessen wir daraus, dass dieser bereits das med. ἀρκεῖσθαι „sich genügen lassen, sich begnügen" gebraucht: fr. 181 ἀρκεῖσθαι παρ᾽ ἑοῖς, τῶν δ᾽ ἀλλοτρίων ἀπέχεσθαι.

Das Aktiv finden wir dann bei Pindar O. 9, 3 τὸ μὲν Ἀρχιλόχου μέλος — ἄρκεσε Κρόνιον παρ᾽ ὄχθον ἁγεμονεῦσαι κωμάζοντι κτλ. und öfter bei Aeschylus, z. B. Pr. 648 τοσοῦτον ἀρκῶ σοι σαφηνίσας μόνον. Ch. 891 τῇδε δ᾽ ἀρκούντως ἔχει.

Die comp. ἀπαρκέω und διαρκέω scheinen von Anfang an nur in übertragener Bedeutung vorzukommen. Jenes steht zuerst bei Solon fr. 5, 1 δήμῳ μὲν γὰρ ἔδωκα τόσον γέρας, ὅσσον ἀπαρκεῖ (so das Zitat in der neugefundenen

Ἀθηναίων πολιτεία des Aristoteles anstatt des bei Plutarch überlieferten κράτος, ὅσσον ἐπαρκεῖ; schon Korais hatte ἀπ. vermutet), dann bei Aesch. Pers. 477 κοὐκ ἀπήρκεσαν οὓς πρόσθε Μαραθὼν βαρβάρων ἀπώλεσεν. Ag. 390 ὤστ᾿ ἀπαρκεῖν εὖ πραπίδων λαχόντι (so Auratus für das überlieferte λαχόντα; ἀπαρκεῖν kann nicht heissen „sich begnügen", wie z. B. Pape angibt).

διαρκέω „genüge vollständig" steht Pind. N. 7, 48 τρία ἔπεα διαρκέσει. In anderer Bedeutung „vorhalten, ausdauern" gebraucht es Aeschylus Sept. 827 βουλαὶ δ᾿ ἄπιστοι Λαΐου διήρκεσαν.

Das später so häufige ἐξαρκέω findet sich bis Aeschylus noch nicht, nur ἐξαρκής „hinreichend" bei diesem Pers. 240 πλοῦτος ἐξαρκὴς δόμοις;

Schliesslich sei noch darauf hingewiesen, dass αὐτάρκης bei Aeschylus, wo es zum erstenmal vorkommt, noch nicht die Bedeutung „sich selbst genügend", sondern „sich selbst helfend" hat, also ἀρκέω in seiner Grundbedeutung zeigt. Ch. 753 νέα δὲ νηδὺς αὐτάρκης τέκνων „hilft sich selbst".

ἁρμόζω

gebraucht Homer nur im eigentlichen Sinn „anfügen, anpassen, durch Anpassen zusammenfügen": so Γ 333 θώρηκα περὶ στήθεσσιν ἔδυνεν οἷο κασιγνήτοιο Λυκάονος, ἥρμοσε δ᾿ αὐτῷ. P 210 τεῦχε Κρονίων, Ἕκτορι δ᾿ ἥρμοσε τεύχε᾿ ἐπὶ χροΐ (in beiden Fällen ist ἁρμόζειν nicht intransitiv, wie noch im lex. Hom. zu lesen, vgl. A.-H. z. d. St.). ε 162 δούρατα μακρὰ ταμὼν ἁρμόζεο χαλκῷ εὐρεῖαν σχεδίην „füge dir zusammen".

Das erste Beispiel metaphorischen Gebrauchs ist Sol. fr. 36, 17 εὐθεῖαν εἰς ἕκαστον ἁρμόσας δίκην; von den pindarischen Übertragungen heben wir zwei heraus, die als stehende zu bezeichnen sind: die zur Bezeichnung der ehelichen Verbindung (P. 9, 117 ἁρμόζων κόρᾳ νυμφίον ἄνδρα; vgl. v. 13) und der Ordnung und Leitung von Volk und Heer (N. 8, 11 ἅρμοζον στρατόν; man denke an die ἁρμοσταί; Aesch. Eum. 459 Ἀγαμέμνον᾿, ἀνδρῶν ναυβατῶν ἁρμόστορα, wohl eine Umbildung des homerischen κοσμήτορα λαῶν).

Bei Pindar finden wir ἁρμόζειν ausserdem zum erstenmal in der intransitiven Bedeutung „passen", eigentlich vom Gewand P. 4, 80 ἐσθὰς — ἁρμόζοισα θαητοῖσι γυίοις, übertragen, wie später so oft, P. 4, 129 ξείνι' ἁρμόζοντα τεύχων angemessene, d. h. glänzende Gastgeschenke.

ἁρμονία

kennt Homer in der sinnlichen Grundbedeutung „Bindemittel, Klammer" (ε 248 γόμφοισιν — καὶ ἁρμονίῃσιν. 361) und in der metaphorischen Bedeutung „Vertrag" (X 255 ἐπίσκοποι ἁρμονιάων scil. θεοί, synonym 261 συνημοσύνας).

Eine andere Übertragung liegt vor in dem n. pr. Ἁρμονία, der Tochter des Ares und der Aphrodite, d. h. der harmonischen Ordnung der Dinge, die durch das Zusammenwirken von Liebe und Hass, Anziehung und Abstossung entsteht. Hes. Th. 937. 975.

In diesem philosophischen Sinn auch Heraclit. fr. 38 παλίντονος γὰρ ἁρμονίη („Gefüge") κόσμου ὅκωσπερ λύρης καὶ τόξου. 40 ἁρμονίη γὰρ ἀφανὴς φανερῆς κρέσσων, ἐν ᾗ τὰς διαφορὰς καὶ τὰς ἑτερότητας ὁ μίσγων θεὸς ἔκρυψε καὶ κατέδυσε.

Von der göttlichen Weltordnung gebraucht das Wort Aeschylus Pr. 569 οὔποτε τὰν Διὸς ἁρμονίαν θνατῶν παρεξίασι βουλαί.

Die musikalische Bedeutung des Worts „Tongefüge, Tonart" findet sich zuerst bei Lasos von Hermione fr. 1 ὕμνον — Αἰολίδα βαρύβρομον ἁρμονίαν, dann bei Pratinas fr. 5, 3 Αἰολὶς ἁρμονία und bei Pindar N. 4, 45 Λυδίᾳ σὺν ἁρμονίᾳ.

ἄρχω

hat in der nachhomerischen Zeit die beiden Bedeutungen „anfangen" und „herrschen". Wie sich diese zu einander verhalten und wie sie entstanden sind, darüber gibt uns

Homer Aufschluss. Er hat uns die Grundbedeutung von ἄρχειν „vorangehen" aufbewahrt; aus dieser entwickelte sich
I. die Bedeutung „anfangen" durch einfache Übertragung,
II. die Bedeutung „herrschen" dadurch, dass ἄρχειν „vorangehen" sich in der Anwendung immer mehr auf das Vorangehen im Kampfe beschränkte und schliesslich von dieser für die damalige Zeit wichtigsten Regierungshandlung auf Herrschen und Regieren überhaupt übertragen wurde — also durch ein Zusammenwirken von Determination und Translation.

Dies wollen wir nun im einzelnen betrachten.

I. In der Bedeutung „vorangehen" steht ἄρχειν z. B. Α 495 πρὸς Ὄλυμπον ἴσαν θεοὶ αἰὲν ἐόντες πάντες ἅμα, Ζεὺς δ' ἦρχε. Α 472 ὡς εἰπὼν ὁ μὲν ἦρχ', ὁ δ' ἅμ' ἕσπετο ἰσόθεος φώς. Daraus entwickelt sich die übertragene Bedeutung „in einer Sache vorangehen, den Anfang machen mit etwas", wie gut zu erkennen ist an der Stelle Α 781 ἦρχον ἐγὼ μύθοιο, κελεύων ὔμμ' ἅμ' ἕπεσθαι, wo ἄρχειν und ἕπεσθαι übertragen einen Gegensatz bilden, wie oben Α 472 im eigentlichen Sinn. Wichtig ist ferner für den Übergang zur Metapher, dass die Konstruktionen von ἄρχειν „anfangen" in den Konstruktionen von ἄρχειν „vorangehen" bei Homer Analogieen finden. Aus Beispielen wie Ο 95 ἀλλὰ σύ γ' ἄρχε θεοῖσι δόμοις ἔνι δαιτὸς ἐΐσης. Ω 723 τῇσιν δ' Ἀνδρομάχη λευκώλενος ἦρχε γόοιο. Β 433 u. ö. τοῖς ἄρα μύθων ἦρχε ersehen wir, dass die Person, der vorangegangen wird und die dadurch zur Nachfolge aufgefordert wird, im Dativ, die Sache aber, in der man vorangeht, im Genitiv steht. Zum Dativ vergleiche man z. B. Ε 592 ἦρχε δ' ἄρα σφιν Ἶρις καὶ πότνι' Ἐνυώ, der Genitiv hat sein Analogon in der Verbindung ἦρχε δ' ὁδοῖο ε 237 und ist beidemal partitiver Natur (zum lokal-partitiven Genitiv, der auch z. B. Β 801 ἔρχονται πεδίοιο vorliegt, vgl. u. a. Brugmann in Iw. Müllers IIB. II² 206). Für die Konstruktion mit dem Infinitiv vergleiche man Α 67 ἄρξωσιν πρότεροι ὑπὲρ ὅρκια δηλήσασθαι mit Β 84 βουλῆς ἐξ ἦρχε νέεσθαι und N 329 ἴρχ' ἴμεν, für die Konstruktion mit dem Partizip B 378 ἐγὼ δ᾽ ἦρχον χαλεπαίνων mit Γ 447 ἦρχε λέχοσδε κιών.

In jüngeren Teilen der homerischen Gedichte kommt für „anfangen" auch das Medium ἄρχεσθαι vor. In der Ilias findet es sich nur H 324 τοῖς ὁ γέρων πάμπρωτος ὑφαίνειν ἤρχετο μῆτιν, in der νεκρῶν ἀναίρεσις, deren späterer Ursprung ausser Zweifel steht, im 9. Buche v. 93 = H 324 und v. 97 ἐν σοὶ μὲν λήξω, σέο δ᾽ ἄρξομαι und in der Odyssee (so fünfmal τοῖσιν — ἤρχετο μύθων). Auch von ἐξάρχω kommt erst in der Odyssee die mediale Form vor: μ 339 ἑτάροισι κακῆς ἐξήρχετο βουλῆς.

Über die comp. ἀπάρχομαι, ἐπάρχομαι und κατάρχομαι, die als Ritualwörter den Beginn heiliger Handlungen bezeichnen, s. Autenrieth zu Nägelsbach A 471.

ὑπάρχω kommt bei Homer nur einmal vor, ohne Unterschied vom simplex: ω 286 ἣ γὰρ θέμις, ὅστις ὑπάρξῃ scil. δώρων. Pindar und Aeschylus kennen das Wort nur in der gewöhnlichen Bedeutung „vorhanden sein", über deren Entwicklung Heinr. Schmidt in der Synonymik d. gr. Spr. II 538 f. und im Handb. der lat. u. gr. Synon. S. 326 zu vergleichen.

II. Der Übergang der Bedeutung „vorangehen" zu der Bedeutung „herrschen, regieren" ist ein kulturgeschichtliches Denkmal. Das Vorangehen zum und im Kampf war anfangs das wesentlichste Geschäft und das wesentlichste Merkmal des Herrschers. Diese kulturgeschichtliche Thatsache bezeugen auch die Wörter βασι-λεύς („der vor dem Volk Einhergehende", Curt GZ. No. 535), praetor (aus prae-itor), das deutsche herzog und fürst (ahd. furisto = πρόμος).

Während bei Homer ἄρχειν in der speziellen Bedeutung „im Kriege vorangehen" sich sehr häufig findet — z. B. B 876 Σαρπηδὼν δ᾽ ἦρχεν Λυκίων ἠδ᾽ ἐκ Λυκίης —, begegnen wir der Bedeutung „herrschen" nur zweimal:

B 805

τοῖσιν ἕκαστος ἀνὴρ σημαινέτω, οἷσί περ ἄρχει,
τῶν δ᾽ ἐξηγείσθω, κοσμησάμενος πολιήτας.

wo ἐξηγεῖσθαι ἄρχειν in seiner Grundbedeutung vertritt, und absolut gebraucht ζ 12 Ἀλκίνοος δὲ τότ' ἦρχε, θεῶν ἄπο μήδεα εἰδώς. In beiden Fällen ist ἄρχειν „herrschen" vollständig losgelöst von ἄρχειν „vorangehen".

Wie in ἄρχω, so verblasst auch in ἀρχός und ὄρχαμος immer mehr der ursprüngliche Begriff des Heerführers und Vorkämpfers. Der Sauhirt Eumaios, wie der Kuhhirt Philoitios heissen in der Odyssee als Vorgesetzte der Hirten niederen Ranges ὄρχαμοι ἀνδρῶν (z. B. ζ 22 — υ 185); Antinoos und Eurymachos, die Häupter der Freier, heissen ἀρχοὶ μνηστήρων (δ 629); ἀρχοί werden auch θ 391 die zwölf Unterkönige der Phäaken genannt, die nie einen Krieg geführt haben. —

Nach Homer findet sich ἄρχειν in seiner ursprünglichen Bedeutung „vorangehen" nur noch an zwei Stellen, deren eine überdies die Nachbildung einer homerischen ist, also für die Fortdauer der Grundbedeutung in der lebendigen Sprache nichts beweisen kann: h. Ap. 514 βάν ῥ' ἴμεν· ἦρχε δ' ἄρα σφιν ἄναξ, Διὸς υἱὸς Ἀπόλλων (nach E 592 καρτεραί. ἦρχε δ' ἄρα σφιν Ἄρης καὶ πότνι' Ἐνυώ). Hes. Scut. 26 ἔσπον τ' ἦρχε δὲ τοῖσιν εἰς παῖς Ἀλκαίοιο.

Sonst herrschen allgemein die beiden Bedeutungen „anfangen" und „herrschen"; die Grundbedeutung, aus der sie sich nach verschiedenen Richtungen abgezweigt haben, ist abgestorben. —

Anderer Ansicht über die Grundbedeutung von ἄρχω ist Curtius (GZ. No. 165), der das Wort in Beziehung bringt zu der Sanskritwurzel arh (árh-a-mi bin wert, vermag, kann, arh-a-s würdig u. s. f.) und hinzufügt: „Bei der vollständigen Lautübereinstimmung ist die Identität der beiden Wurzeln schwer abzulehnen. Der gemeinsame Grundbegriff ist der der Würde, vielleicht gar des Glanzes: ἄρχειν λάμπειν (Hes.), welche Glosse freilich M. Schmidt anzweifelt. Für die weitere Entwicklung der Bedeutungen ist zu beachten, dass árh-a-mi, wie ἄρχω, als eine Art von Hülfsverbum mit dem Infinitiv gebraucht wird, ersteres in der sehr verblassten Bedeutung ich kann, darf, ferner die häufige

Anwendung auf gottesdienstliche Handlungen. ... An die Bedeutung „vermögen" erinnert ὑπάρχειν „vorhanden sein". Der etwas abweichende Gebrauch von ἄρχεσθαι anfangen im Unterschied von der Fortführung ist erst in der Odyssee häufiger, freilich aber dem homer. ἀρχή, ἐξ ἀρχῆς nicht abzusprechen .... Sorgfältig behandelt wird diese W. namentlich in Bezug auf ihre Bedeutungen von Autenrieth in der Münchner Gymnasialzeitschr. 1868 S. 256, wo ἄρχω als Doppelgänger von ἔρχομαι hingestellt wird. Die Schwierigkeit des Bedeutungswandels scheint mir aber dabei noch grösser zu sein, als bei unserer Darstellung".

Dass das, was Curtius zur Entwicklung der Bedeutungen von ἄρχω aus dem Grundbegriff der „Würde" beibringt, in der That nichts beweist, liegt auf der Hand. Bei Gelegenheit der Besprechung von ὑπάρχειν wendet sich auch Heinr. Schmidt in der gr. Synon. II 539 f. gegen die Annahme jenes Grundbegriffs, betreffs der Glosse des Hesychius verweist er auf Alberti: „ἄρχειν] male, ut puto, pro ἀργαίνειν: ab ἀργός, quod significat λαμπρός, λευκός .. Kust. — An vero respexit locum Genes. 1, 18, ubi duo magna luminaria, sol et luna, dicuntur ἄρχειν τῆς ἡμέρας καὶ τῆς νυκτός? quod forte aliquis per λάμπειν explicuerit".

Die von Curtius erwähnte Ansicht Autenrieths, dass ἄρχειν zu ἔρχεσθαι zu stellen sei, hat vom semasiologischen Standpunkt sehr viel für sich; schon Döderlein in seinem hom. Glossarium II 288 dachte daran und setzte demgemäss als Grundbedeutung von ἄρχειν „vorangehen" an. Die Ableitung der anderen Bedeutungen aus dieser Grundbedeutung aber ist nicht nur nicht schwieriger als die aus dem „Grundbegriff der Würde", sondern ergibt sich ganz leicht und ungezwungen durch die Beobachtung des homerischen Sprachgebrauchs.

ἀσκέω

kennen Homer und Hesiod nur in der eigentlichen Bedeutung sorgfältiger und kunstreicher Handarbeit: so Γ 388 ἴσκειν εἴρια καλά. Hes. Th. 580 σιγαρὴν —, τὴν αὐτὸς ποίησε περίκλυτος Ἀμφιγυήεις ἀσκήσας παλάμῃσι. Später ist das Wort sehr geläufig in der übertragenen Bedeutung „eine geistige Thätigkeit ausüben, sich eifrig mit etwas (Unsinnlichem) beschäftigen". So bei Heraklit fr. 15 Πυθαγόρης Μνησάρχου ἱστορίην ἤσκησε ἀνθρώπων μάλιστα πάντων „hat am meisten von allen Menschen die Wissenschaft gepflegt"; Aesch. Pr. 1099 πῶς με κελεύεις κακότητ' ἀσκεῖν; Bei Pindar steht es von eifriger Gottesverehrung: O. 8, 22 ἔνθα — ἀσκεῖται Θέμις. Ebenso N. 11, 8. P. 3, 109 τὸν ἀμφέποντ' αἰεὶ φρασὶν δαίμον' ἀσκήσω.

ἀφίσταμαι

findet sich bei Homer nur in der eigentlichen Bedeutung, z. B. O 675

οὐδ' ἄρ' ἔτ' Αἴαντι μεγαλήτορι ἥνδανε θυμῷ
ἑστάμεν, ἔνθα περ ἄλλοι ἀφέστασαν υἷες Ἀχαιῶν.

Übertragen im Sinn von „stehe ab von etwas, verzichte auf etwas" kommt es zuerst vor bei Pindar O. 1, 53 ἐμοὶ δ' ἄπορα γαστρίμαργον μακάρων τιν' εἰπεῖν . ἀφίσταμαι.[1]

ἄχθος

Homer kennt das Wort nur in seiner eigentlichen Bedeutung „Last" z. B. Ι 247 οὐδ' ἂν νηῒς ἑκατοζυγος ἄχθος ἄροιτο. Σ 104 ἄχθος ἀρούρης von einem nichtsnutzigen Menschen. So auch Hes. Op. 692. Tyrt. fr. 6 ὥσπερ ὄνοι μεγάλοις ἄχθεσι τειρόμενοι und in einem Bilde Pind. N. 6, 66 ἑκόντι δ' ἐγὼ νώτῳ μεθέπων διδύμον ἄχθος ἄγγελος βᾶν.[2]

---

[1] In einer andern übertragenen Bedeutung „abfallen, abtrünnig werden" scheint ἀφίστασθαι zum erstenmal vorzukommen in der Inschrift CIA. I No. 9, Z. 22 καὶ οὐκ ἀποστήσομαι Ἀθηναίων τοῦ πλήθους (ebenso No. 11 Z. 4 und No. 13, 12), die nach Boeckh etwa aus kimonischer Zeit stammt.

[2] Bei dem Verbum ἄχθομαι „bin belastet" tritt die sinnliche Bedeutung sehr zurück gegen die Übertragung auf den Geist, die schon bei Homer öfter vorkommt (z. B. Α 271 ἤχθετο γὰρ κῆρ). Erstere fand ich bis Aeschylus an folgenden Stellen. ο 457 τῆς ἤχθετο τοῖσι τίκτεσθαι. hymn. Ap. 231 ἔνθα τεοδώκης πῶλος ἀνεπνέει,

Übertragen auf eine geistige Bürde, wie es auch in Prosa vorkommt, steht das Wort zuerst Hes. Scut. 400 ὅτ᾽ ὄμφακες αἰόλλονται, οἷα Διώνυσος δῶκ᾽ ἀνδράσι χάρμα καὶ ἄχθος (richtig Sittl: ὁ ποιητὴς οὐκ ἐννοεῖ τὰ ἀποβαίνοντα ἐκ τοῦ οἴνου, ἀλλὰ τὰς χαρὰς καὶ τὰς φροντίδας τοῦ ἀμπελουργοῦ), dann Theogn. 295 κωτίλῳ ἀνθρώπῳ σιγᾶν χαλεπώτατον ἄχθος (ähnlich 1384) und Aesch. Ag. 175 εἰ τὸ μάταν ἀπὸ φροντίδος ἄχθος χρὴ βαλεῖν ἐτητύμως, wo ein vollständigeres Bild gegeben ist.

βαθύς

kommt bei Homer und Hesiod nur in seiner räumlichen Grundbedeutung vor. Die Stelle Τ 125 ὣς φάτο, τὸν δ᾽ ἄχος ὀξὺ κατὰ φρένα τύψε βαθεῖαν wird im lex. Hom. mit Unrecht als Beispiel einer Übertragung angeführt: denn βαθεῖαν drückt hier nur aus, wie tief der Stich ging, ist also keine selbständige Metapher. Auch in dem Eigennamen Βαθυκλῆς (Π 594) wird βαθύς von räumlicher Ausdehnung (in die Weite, wie Σ 547 νειοῖο βαθείης) zu verstehen sein: „der Weitberühmte".

Besonders gern wird βαθύς metaphorisch gebraucht von geistiger Tiefe, so in dem comp. βαθύφρων, das sich zuerst bei Solon fr. 33, 1 οὐκ ἔφυ Σόλων βαθύφρων οὐδὲ βουλίεις ἀνήρ, dann auch bei Pindar N. 7, 1 Μοιρᾶν βαθυφρόνων findet; von letzterem ist ferner anzuführen das comp. βαθυμῆτα (N. 3, 53) und die Stellen O. 2, 60 βαθεῖαν — μέριμναν und N. 4, 8 φρετὸς — βαθείας, von Aeschylus ausser dem comp. βαθέβουλος (Pers. 145) die Stellen Suppl. 412 δεῖ τοι βαθείας φροντίδος σωτηρίου. 967 ἄρχων βαθείᾳ („weise ersonnen") μηχανῇ, aus Theognis v. 1051 βαθείῃ σῇ φρενὶ βουλεύσαι.

So steht auch βάθος von den Tiefen der Spekulation bei Heraklit fr. 13 ἀλλὰ τὸ μὲν τῆς γνώσεως βάθεα κρύπτειν ἀπιστίη ἀγαθή.

ἀρχόμενος ἀεὶ, ὅκων ἅρματα καλά. Xenophan. fr. 1, 10 τράπεζα τυροῦ καὶ μέλιτος πίονος ἄχθει ἔῃ.

Ausserdem wird βαθύς oft metaphorisch für Reichtum und Fülle jeder Art gebraucht, anknüpfend an sinnliche Anschauungen, wie sie in Σ 547 νειοῖο βαθείης oder bei Pind. O. 13, 62 βαθὺν κλᾶρον („weitgedehntes Erbgut") vorliegen. So sind bei Xen. Oec. 11, 10 ἄνδρες βαθεῖς einfach „reiche Leute". Pind. O. 10, 8 βαθὺ χρέος. 7, 53 κλέος βαθύ (oder „weitverbreiteter Ruhm"?). 12, 12 ἐσλὸν βαθύ; Aeschylus hat βαθίπλουτος (Suppl. 563).

δείκνυμι.

Die Grundbedeutung dieses Verbums ist eine zweifache:

1) ich deute auf etwas bereits Vorhandenes (mit dem Finger) hin, wie ζ 178 ἄστυ δέ μοι δεῖξον.

2) ich bringe etwas noch nicht Vorhandenes zum Vorschein, ans Licht, in welcher Bedeutung φαίνω gewöhnlicher ist. So N 244 ἀστεροπῇ ἐναλίγκιος, ἥν τε Κρονίων χειρὶ λαβὼν ἐτίναξεν ἀπ᾽ αἰγλήεντος Ὀλύμπου δεικνὺς σῆμα βροτοῖσιν; vgl. B 324 ἡμῖν μὲν τόδ᾽ ἔφηνε τέρας μέγα μητίετα Ζεύς und 353 ἀστράπτων ἐπιδέξι᾽, ἐναίσιμα σήματα φαίνων. So kann δεικνύναι geradezu „hervorbringen" bedeuten: Heracl. fr. 44 πόλεμος πάντων μὲν πατήρ ἐστι, πάντων δὲ βασιλεύς, καὶ τοὺς μὲν θεοὺς ἔδειξε, τοὺς δὲ ἀνθρώπους oder im 2. Fragment der Phoronis:

οἳ πρῶτοι τέχνην πολυμήτιος Ἡφαίστοιο
εὗρον ἐν οὐρείῃσι νάπαις, ἰόεντα σίδηρον,
ἐς πῦρ τ᾽ ἤνεγκαν καὶ ἀριπρεπὲς ἔργον ἔδειξαν

„brachten hervor, schufen".

Analog wird δεικνύναι auch in doppelter Weise übertragen:

1) jemand über etwas aufklären, belehren, jemand auf etwas hinweisen, aufmerksam machen.

2) etwas offenbaren, aus Tageslicht bringen (mit unsinnlichem Objekt).

Bei Homer finden wir das Wort noch nicht metaphorisch gebraucht. Mit Unrecht wird κ 303

ὣς ἄρα φωνήσας πόρε φάρμακον ἀργεϊφόντης
ἐκ γαίης ἐρύσας καί μοι φύσιν αὐτοῦ ἔδειξεν

als Beispiel der Übertragung im Thesaurus und sonst aufgeführt; denn hier ist, worauf schon Damm aufmerksam machte, φύσις nicht die Wundernatur des Krautes Moly — diese hat Hermes schon vorher dem Odysseus klar gemacht —, sondern sein Wuchs, seine äussere Beschaffenheit, wie die darauf folgende Beschreibung zeigt: ῥίζῃ μὲν μέλαν ἔσκε, γάλακτι δὲ εἴκελον ἄνθος.

Zuerst für uns tritt erstere Übertragung „anweisen, belehren" auf, und zwar im 6. Fragment der kyklischen Titanomachie

εἴς τε δικαιοσύνην θνητῶν γένος ἤγαγε δείξας
ὅρκους καὶ θυσίας ἱερὰς καὶ σχήματ' Ὀλύμπου,

ferner im Hymnus auf Demeter v. 475 δεῖξε Τριπτολέμῳ — δρησμοσύνην θ' ἱερῶν καὶ ἐπέφραδεν ὄργια καλά (wo die Synonyma ἐπέφραδεν und v. 484 ὑπεθήκατο zu beachten) und bei Hesiod, bei dem das Wort nur in dem Gedicht vom Landbau und von der Schiffahrt (Op. 383—694) vorkommt, und zwar nur einmal (v. 612) in sinnlicher Bedeutung, viermal dagegen in Übertragung: 648 δείξω δή τοι μέτρα πολυφλοίσβοιο θαλάσσης (wo μέτρα die „regelmässigen Verhältnisse" des Meers sind). 526 οὐδέ οἱ ἠέλιος δείκνυ νομὸν ὁρμηθῆναι („weist ihn an, zur Weide aufzubrechen"). 451 φωνὴν γεράνου —, ἥτ' ἀρότοιό τε σῆμα φέρει καὶ χείματος ὥρην δεικνύει („anzeigt") ὀμβρηροῦ und 502

δείκνυε δὲ δμώεσσι θέρεος ἔτι μέσσον ἐόντος
„οὐκ αἰεὶ θέρος ἐσσεῖται, ποιεῖσθε καλιάς".

Letzteres Beispiel ist besonders interessant dadurch, dass wir hier δεικνύειν ganz im Sinn des lateinischen dicere haben, das, mit δεικνύειν wurzelverwandt (Curt. GZ. No. 14), sich nur mehr in der übertragenen Bedeutung nachweisen lässt.

Von Hesiod an ist jene Übertragung unseres Verbums ganz gewöhnlich; so finden wir sie bei Theognis v. 771 σοφίης μὴ φθονερὸν τελέθειν, ἀλλὰ τὰ μὲν μῶσθαι, τὰ δὲ δεικνύναι, ἄλλα δὲ ποιεῖν. 477 δείξω δ' ὡς οἶνος χαρίεστατος ἀνδρὶ πεπόσθαι, bei Pindar z. B. J. 7, 47 ἔδειξαν σοφῶν στόματ' ἀπείροισιν ἀρετὰν Ἀχιλέος, bei Aeschylus z. B. Eum. 665 τεκμήριον δὲ τοῦδέ σοι δείξω λόγον.

In der andern Bedeutung „zum Vorschein bringen, offenbaren" steht δεικνύναι metaphorisch. d. h. mit unsinnlichem Objekt, zuerst bei Simon. C. fr. 175 οὐκ ἔστιν μείζων βάσανος χρόνου οὐδενὸς ἔργον. ὃς καὶ ὑπὸ στέρνοις ἀνδρὸς ἔδειξε νόον, bei Theogn. 500 ἀνδρὸς δ' οἶνος ἔδειξε νόον, bei Aeschylus Sept. 160 δεῖξαϑ' ὡς φιλοπόλεις.

δεξιός

wurde, wie im Lateinischen dexter, häufig zur Bezeichnung von Geschicklichkeit und Gewandtheit, in körperlicher wie in geistiger Beziehung, gebraucht. In dieser Übertragung ist dem Homer das Wort noch fremd; sie findet sich zuerst bei Anakreon fr. 75, 6 δεξιὸν γὰρ ἱπποσείρην οὐκ ἔχεις ἐπεμβάτην, bei Simonides fr. 149, 2 παλαισμοσύνας δεξιὸν ἡνίοχον und bei Pindar N. 3, 8 ἀεθλονικία δὲ μάλιστ' ἀοιδὰν φιλεῖ, στεφάνων ἀρετᾶν τε δεξιωτάταν („geschickteste, passendste") ὀπαδόν. J. 4, 61 χερσὶ δεξιόν (O. 9, 111 δεξιόγυον).

δέχομαι

hat neben zahlreichen Beispielen der rein sinnlichen Grundbedeutung (z. B. E 227 μάστιγα καὶ ἡνία σιγαλόεντα δέξαι) schon Homer einigemal übertragen (Σ 115 und Υ 365 κῆρα — δέξομαι „ich will hinnehmen". γ 271 καὶ χαλεπόν περ ἐόντα δεχώμεθα μῦθον, Ἀχαιοί, Τηλεμάχου), doch kennt er das Wort noch nicht in der Übertragung auf ein Erfassen mit den Sinnen oder mit dem Geist. So gebraucht es zuerst, und zwar noch in voller Frische des Bildes, Simonides fr. 85, 4 παῖροι μὲν θνητῶν οὔασι δεξάμενοι στέρνοις ἐγκατέθεντο, dann Aeschylus Ag. 1044, wo Klytaimestra zu Kassandra sagt:

εἰ δ' ἀξυνήμων οὖσα μὴ δέχῃ λόγον,
σὺ δ' ἀντὶ φωνῆς φράζε καρβάνῳ χερί.

διάγω

(eigentlich v 187 πορθμῆες δ᾽ ἄρα τούς γε διήγαγον. Archil. fr. 41 ἁμισθὶ γάρ σε πάμπαν οὐ διάξομεν, offenbar auch von Fährleuten) ist später so beliebt in der Übertragung auf das Hinbringen des Lebens, dass es oft ohne jeden Zusatz „leben" bedeutet (wie διατρίβειν ohne χρόνον für „zögern" schon bei Homer). Mit einem Zeitbegriff als Objekt steht διάγειν metaphorisch im 20. hom. Hymnus, der wohl attischen Ursprungs ist, v. 7 ῥηιδίως αἰῶνα — εὔκηλοι διάγουσιν, bei Aesch. Pers. 713 βίοτον εὐαίωνα — διήγαγες und bei Bakchylides fr. 1 ἀφνειὸν βιοτὰν διάγειν.

Absolut für „leben" steht das Wort zuerst Theogn. 766 νόσφι μεριμνάων εὐφροσύνως διάγειν.

διακρίνω

ist ein verstärktes κρίνω, wie διαλύω ein verstärktes λύω; die Zusammensetzung mit der Präposition [1]) gibt, wie so oft (s. λέγω a. E.), dem Verbum mehr Sinnlichkeit und schützt es dadurch für länger vor dem Verluste seiner Grundbedeutung. Während daher κρίνω bei Homer schon übertragen erscheint (z. B. μ 440 κρίνων νείκεα πολλὰ δικαζομένων αἰζηῶν), hat διακρίνω bei ihm noch ganz seine sinnliche Grundbedeutung „scheide, sondere", z. B. B 475

τοὺς δ᾽, ὥς τ᾽ αἰπόλια πλατέ᾽ αἰγῶν αἰπόλοι ἄνδρες
ῥεῖα διακρίνωσιν, ἐπεί κε νομῷ μιγέωσιν,
ὣς τοὺς ἡγεμόνες διεκόσμεον ἔνθα καὶ ἔνθα . . .

Die sinnliche Bedeutung findet sich auch nach Homer noch, im Bereich unserer Untersuchung bei Pind. O. 10, 45

---

[1]) διά entspricht hier unserem „zer-, auseinander" und auch etymologisch dem lat. dis- (distrahere, discernere). In „durch", der Grundbedeutung von διά, liegt der Begriff der Teilung; wenn ich durch eine Ebene gehe, so teilt mein Weg dieselbe in zwei Teile. Ähnliche Zusammensetzungen sind z. B. δι-αιρεῖν „auseinandernehmen", δια-γιγνώσκειν „auseinander kennen", δια-διδόναι „verteilen", δια-ζευγνύναι „auseinander spannen", δια-χέειν „zerteilen" (διά-χυσις „Zerstreuung").

περὶ δὲ πάξαις Ἄλτιν μὲν ὅγ᾽ ἐν καθαρῷ διέκρινεν („sonderte ab"), τὸ δὲ κύκλῳ πέδον ἔθηκε δόρπου λύσιν —, doch überwiegt weitaus der metaphorische Gebrauch. So steht διακρίνειν von richterlicher Entscheidung Hes. Theog. 85 διακρίνοντα θέμιστας ἰθείῃσι δίκῃσιν und Op. 35 διακρινώμεθα („wollen wir unter uns entscheiden") νεῖκος ἰθείῃσι δίκαις, von Entscheidung durch einen Wettkampf P. 9, 115 σὺν δ᾽ ἀέθλοις ἐκέλευσεν διακρῖναι ποδῶν, ἄντινα σχήσοι τις ἡρώων, ὅσοι γαμβροί σφιν ἦλθον, von geistiger Entscheidung oder Beurteilung überhaupt O. 8, 24 ὅ τι γὰρ πολὺ καὶ πολλᾷ ῥέπει, ὀρθᾷ διακρίνειν φρενὶ μὴ παρὰ καιρόν, δυσπαλές. In fr. 168 heisst es „unterscheiden": σαρκῶν τ᾽ ἐνοπὰν ἠδ᾽ ὀστέων στεναγμὸν βαρὺν ἦν διακρῖναι ἰδόντα πολλὸς ἐν καιρῷ χρόνος (nach Bgk.). Die Stelle P. 1, 68 ist verderbt überliefert, die Verderbnis liegt wahrscheinlich in διακρίνειν selbst (vgl. Bgk.).

διακεκριμένος „verschieden" bei Bacchyl. fr. 44 ὀργαὶ („Sinnesarten") μὲν ἀνθρώπων διακεκριμέναι μυρίαι.

διέρχομαι

bei Homer nur im eigentlichen Sinn gebraucht (z. B. Z 392 διερχόμενος μέγα ἄστυ) steht metaphorisch von geistigem Durchgehen hymn. Ven. 277 ὄφρα κε ταῦτα μετὰ φρεσὶ πάντα διέλθω, wo der Zusatz μετὰ φρεσί den Übergang zur Metapher vermittelt. Später ist es besonders beliebt vom Erzählen [1]). So Pind. N. 4, 72 ἄπορα γὰρ λόγον Αἰακοῦ παίδων τὸν ἅπαντά μοι διελθεῖν und Aesch. Pr. 900

---

1) oder von wissenschaftlicher Behandlung eines Stoffes. So sogar ohne Objekt mit περί, also in einer Konstruktion, die jeden Gedanken an die Grundbedeutung ausschliesst. Z. B. Plat. rep. VI 506 D ἀρκέσει γὰρ ἡμῖν, κἂν ὥσπερ δικαιοσύνης πέρι καὶ σωφροσύνης καὶ τῶν ἄλλων διήλθες, οὕτω καὶ περὶ τοῦ ἀγαθοῦ διέλθῃς. Prot. 347 A τὸ μὲν δοκεῖς — καὶ σὺ περὶ τοῦ ᾄσματος διεληλυθέναι. Hier ist an die eigentliche Bedeutung von διέρχεσθαι ebensowenig mehr gedacht, wie Xen. An. I 8 1 ἐλαύνων — ἱδροῦντι τῷ ἵππῳ an die von ἐλαύνειν.

τοιόνδε χρησμὸν ἡ παλαιγενὴς μήτηρ ἐμοὶ διῆλθε Τιτανὶς Θέμις.

Übertragen aufs Verleben der Zeit zuerst bei Simonides von Amorgos fr. 7, 99 οὐ γάρ κοτ' εὔφρων ἡμέρην διέρχεται ἅπασαν, ὅστις σὺν γυναικὶ γίγνεται, dann bei Pindar J. 3, 23 θνατὸν διέρχονται βιότου τέλος.

διώκω.

Die Grundbedeutung von διώκειν ist nicht „verfolgen", sondern „in rasche Bewegung setzen, dahintreiben", was aus Stellen wie Θ 439 Ζεὺς δὲ πατὴρ Ἴδηθεν ἐΰτροχον ἅρμα καὶ ἵππους Οὐλυμπόνδε δίωκε. ν 162 νηῦς ῥίμφα διωκομένη („rasch dahergetrieben"). Pind. J. 7, 35 βέλος διώξει χερί. Aesch. Eum. 406 ἔνθεν διώκουσ' ἦλθον ἄτρυτον πόδα (vom Fuss auch Sept. 358). Pers. 85 Σύριόν θ' ἅρμα διώκων deutlich hervorgeht.[1]) Die Bedeutung „verfolgen" ist

---

1) In der Stelle h. Merc. 350 ὄφρα μὲν οὖν ἐδίωκε διὰ ψαμαθώδεα χῶρον wäre nach dem Lex. Hom. ἐδίωκε intransitiv zu fassen im Sinne von „propere ferebatur, currebat per"; das ist an sich möglich — vgl. den intransitiven Gebrauch des synonymen ἐλαύνειν —, hier aber lassen sich aus dem Zusammenhang leicht als Objekt die Ochsen des Apollon ergänzen, die Hermes vor sich hertreibt.

Nur von der angegebenen Grundbedeutung aus lassen sich zwei Stellen verstehen, wo διώκειν „wegjagen, vertreiben" heisst: σ 409 κατακείετε οἴκαδ' ἰόντες, ὁππότε θυμὸς ἄνωγε · διώκω δ' οὔ τιν' ἐγώ γε und σ 8 ὅς ῥ' ἐλθὼν Ὀδυσῆα διώκετο („wollte verjagen") οἷο δόμοιο; so erhält auch Aristarchs feine Beobachtung zu Κ 354 und 359, ὅτι τὸ μὲν ἐπιδραμεῖν τίθησιν, ὅτι οὐ γινώσκει ὁ διωκόμενος, ὅτι δὲ γινώσκει, διώκειν καὶ διῶξαι (Lehrs Ar.³ 126), ihre innere Begründung; denn „in Bewegung setzen" kann ich niemand, ohne dass er es merkt.

An der Stelle Χ 199 ὡς δ' ἐν ὀνείρῳ οὐ δύναται φεύγοντα διώκειν · οὔτ' ἄρ' ὁ τὸν δύναται ὑποφεύγειν οὐδ' ὁ διώκειν müsste das Wort „einholen" bedeuten; wie es aber zu dieser Bedeutung kommen soll, ist ganz undenkbar; entweder ist διώκειν zu ändern — man hat dafür κιχάνειν vermutet — oder die Stelle 198—201 zu streichen, wie Aristarch aus anderen Erwägungen that.

entstanden, indem das Verbum in seiner Anwendung auf lebende Wesen eingeschränkt wurde, die man in feindlicher Absicht vor sich her treibt; wir haben also hier den Bedeutungsübergang der Determination.

Im nachhomerischen Sprachgebrauch wird διώκειν von der immer mehr das Wort beherrschenden Bedeutung „verfolgen" aus übertragen

1) auf das eifrige Streben nach etwas, so zuerst bei Hesiod fr. 186 νήπιος, ὃς τὰ ἕτοιμα λιπὼν ἀνέτοιμα διώκει, dann bei Archilochos fr. 63 χάριν δὲ μᾶλλον τοῦ ζοοῦ διώκομεν („wir streben mehr nach der Gunst des Lebenden"), bei Theognis v. 1355 διώκων scil. ἔρωτα, bei Pratinas fr. 5 μήτε σύντονον δίωκε, μήτε τὰν ἀνειμέναν Ἰαστὶ μοῦσαν und bei Pindar O. 3, 45. J. 5, 71 μέτρα μὲν γνώμᾳ διώκων. 6, 40 τερπνὸν ἐφάμερον διώκων. fr. 127 μὴ πρεσβυτέραν ἀριθμοῦ δίωκε, θυμέ, πρᾶξιν (d. h. die φιλοτήσια ἔργα).

2) auf das Verfolgen eines Gegenstandes in der Rede, zuerst bei Pindar J. 3, 21 ὑμετέρας ἀρετὰς ὕμνῳ διώκειν.

3) Der attischen Gerichtssprache eigen ist die Übertragung auf gerichtliche Verfolgung: sie findet sich zuerst bei Aeschylus Eum. 586 ὁ διώκων „der Ankläger".

εἰσέρχομαι

in der übertragenen Bedeutung „einfallen, in den Sinn kommen" findet sich erst bei Aeschylus Pr. 1034 εἰσελθέτω σε μήποθ' ὡς ἐγὼ Διὸς γνώμην φοβηθεὶς θηλύνους γενήσομαι.

ἐλεύθερος

(Hom. ἐλεύθερον ἦμαρ, κρητῆρα ἐλεύθερον. Sol. fr. 36, 5. 13) in der übertragenen Bedeutung „eines Freien würdig, edel" findet sich zuerst bei Pindar P. 2, 57 τὸ δὲ σάγα νιν (den mit Glück verbundenen Reichtum) ἔχεις, ἐλευθέρᾳ φρενὶ πεπαρεῖν.

ἀνελεύθερος gehört insofern hierher, als es nicht das Gegenteil von ἐλεύθερος in seiner eigentlichen Bedeutung ist — das ist δοῦλος —, sondern vom metaphorischen ἐλεύθερος, folglich dieses voraussetzt. Es steht zuerst Aesch. Ag. 1495=1519 ὤμοι μοι κοίταν τάνδ' ἀνελεύθερον (und 1522 οὔτ' ἀνελεύθερον οἶμαι θάνατον τῷδε γενέσθαι: doch ist die Stelle unecht).

ἐναντίος

kommt bei Homer nur in der lokalen Grundbedeutung vor (z. B. Z 394 ἐναντίη ἦλθε θέουσα. E 497 οἱ δ' ἐλελίχθησαν καὶ ἐναντίοι ἔσταν Ἀχαιῶν), ebenso bei Hesiod (Th. 646. 650. Scut. 184); so auch später, z. B. Sapph. fr. 2, 2 ὅστις ἐναντίος τοι ἰζάνει.

Aus der besonders beliebten Anwendung auf Feinde, die sich in der Schlacht gegenüberstehen, entwickelt sich die Übertragung auf Feinde und Gegner jeder Art und auf das geistig Entgegengesetzte, sich Widersprechende. So zuerst von politischen Gegnern bei Solon fr. 37 εἰ γὰρ ἤθελον ἃ τοῖς ἐναντίοισιν ἥνδανεν τότε. Bei Pindar N. 5, 31 steht das Neutrum substantiviert „das Gegenteil": τὸ δ' ἐναντίον ἔσχεν. Von Aeschylus ist anzuführen Ag. 1372 τἀναντί' εἰπεῖν. 1414 οὐδὲν τότ' ἀνδρὶ τῷδ' ἐναντίον φέρων („keinen Widerstand leistend"). 1629 Ὀρφεῖ δὲ γλῶσσαν τὴν ἐναντίαν ἔχεις. Ch. 142 τοῖς δ' ἐναντίοις (den Gegnern im Hause) λέγω φανῆναί σου, πάτερ, τιμάορον, ferner das adv. ἐναντίως Eum. 645 πῶς ταῦτα τούτοις οὐκ ἐναντίως λέγεις; und das derivatum ἐναντιόομαι „ich widersetze mich" Pr. 812 ἐπεὶ προθυμεῖσθ', οὐκ ἐναντιώσομαι τὸ μὴ οὐ γεγωνεῖν πᾶν.

ἐπιχειρέω

in der Grundbedeutung „lange zu, greife zu" findet sich ω 386 ἔνθ' οἱ μὲν δείπνῳ ἐπεχείρεον und 395 σίτῳ ἐπιχειρήσειν μεμαῶτες.

Die später so geläufige metaphorische Bedeutung „mache mich an etwas, unternehme etwas" kommt zuerst vor bei Theognis v. 75 παύροισιν πίσυνος μεγάλ' ἀνδράσιν ἔργ' ἐπιχείρει.

ἔσχατος

kennt Homer nur in der eigentlichen, lokalen Bedeutung „der äusserste" (z B. *Αἰθίοπας, τοὶ διχθὰ δεδαίαται, ἔσχατοι ἀνδρῶν* α 23). Später ist der metaphorische Gebrauch des Wortes sehr ausgedehnt. Von der Zeit steht es zuerst Simon. C. fr. 63 *ἔσχατον δύεται κατὰ γᾶς* (der Nachruhm verschwindet zuletzt). Der Übertragung auf das, was keine Steigerung mehr zulässt, auf das Höchste begegnen wir zuerst bei Pindar — wieder charakteristisch für den Hymnendichter, der derartige Ausdrücke besonders nötig hat; vgl. ἄκρος — O. 1, 116 *ἐπ' ἄλλοισι δ' ἄλλοι μεγάλοι · τὸ δ' ἔσχατον κορυφοῦται βασιλεῦσιν*. J. 3, 29 *ἀνορέαις δ' ἐσχάταισιν*. N. 10, 32 *ἐσχάτων ἀέθλων κορυφαῖς*. fr. 139, 8 *ἐσχάτοις ὕμνοισιν*. J. 6, 36 *προμάχων ἂν' ὅμιλον, ἔνθ' ἄριστοι ἔσχον πολέμοιο νεῖκος ἐσχάταις ἐλπίσιν*.

εὐθύνω.

εὐθύνειν (jon. und ep. *ἰθύνειν*) hat bei Homer nur die eigentliche Bedeutung „gerade machen, richten" z. B. ε 245 *ἐπὶ στάθμην ἴθυνεν*. Ψ 317 *κυβερνήτης — νῆα θοὴν ἰθύνει*). Wie sein Stammwort *εὐθύς* (*ἰθύς*) ist es metaphorisch besonders gebräuchlich in Anwendung auf das Rechtsleben; [1])

---

[1]) *ἰθύς* findet sich schon bei Homer übertragen, doch nur in jüngeren Teilen, in der Schildbeschreibung Σ 508 *ὃς μετὰ τοῖσι δίκην ἰθύντατα εἴποι* und in der Schilderung der Leichenspiele Ψ 580 *εἰ δ' ἄγ' ἐγὼν αὐτὸς δικάσω, καί μ' οὔ τινά φημι ἄλλον ἐπιπλήξειν Δαναῶν · ἰθεῖα γὰρ ἔσται* (aus *δικάσω* ist *δίκη* zu ergänzen), wie das comp. *ἰθαιγενής* (gerade geboren, d. h. aus rechtmässiger Ehe entstammt) erst in der Odyssee (ξ 203) vorkommt. Die Verbindung mit *δίκη* ist sehr beliebt, sie findet sich Hes. Th. 86. Op. 36. 224. 226. fr. 217, hymn. Cer. 152, Sol. fr. 36, 17, Theogn. 330, Pind. N. 10, 12, Aesch. Eum. 436, wozu noch die comp. *ἰθυδίκης* (Hes. Op. 230), *εὐθύδικος* (Anacr. fr. 112, 3. Aesch. Ag. 758) und *εὐθυδίκαιος* (Aesch. Eum. 312) kommen; mit verwandten Begriffen ist das Wort verbunden Tyrt. fr. 4, 6 *εὐθείαις ῥήτραις* und in dem comp. *εὐθύνομος* (Sim. C. fr. 93).

so schon bei Hesiod Op. 9 δίκῃ δ' ἴθυνε θέμιστας. 263 ἰθύνετε δίκας—, σκολιῶν δὲ δικῶν ἐπὶ πάγχυ λάθεσθε. Solon fr. 4, 37 εὐθύνει δὲ δίκας σκολιάς. Pind. P. 4, 153 θρόνος, ᾧ ποτε Κρηθεΐδας ἐγκαθίζων ἱππόταις εὔθυνε λαοῖς δίκας (prägnant: „er sprach den Mannen gerades Recht").

So heisst das Wort dann bei den Prosaikern oft „richten, strafen, zur Rechenschaft ziehen" (vgl. Hdt. II 177 ἰθύνεσθαι θανάτῳ „mit dem Tode bestraft werden"), eine Bedeutung, die den Substantivis εὐθυντήρ (bei Theogn. 40 Κύρνε, κύει πόλις ἥδε, δέδοικα δὲ μὴ τέκῃ ἄνδρα εὐθυντῆρα κακῆς ὕβριος ἡμετέρης; dagegen vom Steuermann, wie ἰθύνειν bei Homer, Aesch. Suppl. 725 οἴακος εὐθυντῆρος) und εὔθυνος zu grunde liegt. Letzteres Wort bezeichnete bekanntlich in der attischen Amtssprache ein Mitglied der Behörde, welche die abgetretenen Beamten zur Rechenschaft zog; die weitere Bedeutung „Richter" hat es noch bei Aeschylus (Pers. 830 Ζεύς — εὔθυνος βαρύς. Eum. 273 μέγας γὰρ Ἅιδης ἐστὶν εὔθυνος βροτῶν), der auch bereits ὑπεύθυνος „zur Rechenschaft verpflichtet" kennt (Pr. 340 τραχὺς μόναρχος οὐδ' ὑπεύθυνος κρατεῖ. Pers. 216. Ch. 711).

ἡγεμών

ist bei Homer immer der Vorangehende, entweder der Heerführer (z. B. B 709 οὐδέ τι λαοὶ δεύονθ' ἡγεμόνος) oder der Wegweiser (so ο 310 ἅμ' ἡγεμόν' ἐσθλὸν ὄπασσον, ὅς κέ με κεῖσ' ἀγάγῃ).

Übertragen finden wir es zuerst bei Solon im Sinn von „Volksführer, Demagog" fr. 4, 7 δήμου θ' ἡγεμόνων ἄδικος νόος. fr. 6 δῆμος δ' ὧδ' ἂν ἄριστα σὺν ἡγεμόνεσσιν ἕποιτο — so dann auch bei Theognis v. 41 ἀστοὶ μὲν γὰρ ἔθ' οἵδε σαόφρονες, ἡγεμόνες δὲ τετράφαται πολλὴν ἐς κακότητα πεσεῖν und 855 πολλάκι δὴ πόλις ἥδε δι' ἡγεμόνων κακότητα ὥσπερ κεκλιμένη ναῦς παρὰ γῆν ἔδραμεν —; Solon gebraucht ἡγεμών auch vom Führer auf dem Lebensweg, vom Erzieher fr. 22 εἰσέρχεται κρατερῇ ξανθότριχι πατρὸς ἀκούειν · οὐ γὰρ ἁμαρτινόῳ πείσεται ἡγεμόνι.

ἡγέομαι

bedeutet als Synonymon von ἄρχω (s. o.) ursprünglich „ich gehe voran", z. B. β 413 ἡγήσατο, τοὶ δ᾽ ἅμ᾽ ἕποντο. In der Bedeutung „meine, glaube" findet es sich zuerst bei Theognis 282 δειλῷ γάρ τ᾽ ἀπάλαμνα βροτῷ πάρα πόλλ᾽ ἀνελέσθαι πὰρ ποδός, ἡγεῖσθαί θ᾽ ὡς καλὰ πάντα τιθεῖ und bei Aeschylus Pr. 1067 μηδ᾽ αὐθαδίαν εὐβουλίας ἄμεινον ἡγήσῃ ποτέ. Ch. 901. 904. Wie das Wort zu dieser jedenfalls metaphorischen Bedeutung gekommen ist, sucht Curtius GZ.⁵ S. 171 folgendermassen zu erklären:

„Die nachhomerische Bedeutung von ἡγεῖσθαι 'erachten, meinen' hat auch das primitive ἄγω so gut wie duco. Sie wird vermittelt durch wiegen, wägen, daher lat. agina scapus trutinae, ex-ig-ere, ex-ā(g)-men, auch wohl ex-ig-uu-s, also eigentlich 'genau', aber auch ganz geläufig: ἦγε τριακοσίους δαρεικούς und daraus übertragen Soph. E. 119 μούνη γὰρ ἄγειν οὐκέτι σωκῶ λύπης ἀντίρροπον ἄχθος".

Damit ist einverstanden Heinr. Schmidt in der Synonymik d. gr. Spr. I 335.

Gewiss hat auch ἄγειν die Bedeutung „erachten, meinen", zuerst bei Aeschylus Suppl. 935 ἄγοιμ᾽ ἄν scil. θεούς „ich würde an die Götter glauben", aber sie lässt sich nicht ableiten von jenem oben unter ἄξιος besprochenen Gebrauch des Verbums. ἄγειν heisst niemals „wägen", sondern nur „wiegen", Verba, die bei uns allerdings gegenwärtig oft genug missbräuchlich verwechselt werden. Zu ἄγειν konnte das Subjekt nur bilden der auf der Wagschale liegende Gegenstand, nicht der Mensch, der sein Gewicht erfahren will.

Ganz damit im Einklang steht die von Curtius angeführte Sophoklesstelle, wo wir gewissermassen auf der einen Wagschale Elektra mit ihrer Kraft, auf der andern die Last des Kummers erblicken, und das andere Beispiel, das wohl aus Dem. 24, 129 genommen ist und vollständiger lautet: τὸν ἀκινάκην τοῦ Μαρδονίου, ὃς ἦγε τριακοσίους δαρεικούς.

Ferner ist zu bedenken, dass ἡγεῖσθαι nicht einmal in dieser Bedeutung „wiegen" vorkommt, da es ja auch nicht „ziehen" heissen kann, was die Voraussetzung derselben ist.

Aus diesen Gründen können wir der von Curtius gegebenen Erklärung des Bedeutungsübergangs nicht beitreten, wissen aber nicht eine andere, befriedigendere vorzuschlagen.

ἥμερος

findet sich nur einmal bei Homer, und zwar in der eigentlichen Bedeutung „zahm": ο 162 χῆνα — ἥμερον.

Übertragen auf Menschen bedeutet es „mild, freundlich" — so bei Pindar, personifizierend auch von Unbelebtem: O. 13, 2 οἶκον ἅμερον ἀστοῖς. P. 1, 71 ἅμερον — κατ' οἶκον. P. 3, 6 τέκτονα νωδυνίας ἅμερον Ἀσκλαπιόν. N. 7, 83 ἁμέρᾳ ὑπί. 8, 3 ἁμέροις ἀνάγκας χερσί. 9, 44 αἰὼν ἁμέρα, ferner bei Aesch. Ag. 1632 κρατηθεὶς δ' ἡμερώτερος φανῇ, und ἀνήμερος: Eum. 806 βρωτῆρας αἰχμὰς σπερμάτων ἀνημέρους.

Besonders aber ist ἥμερος der eigentliche Ausdruck für unser „gesittet, zivilisiert". Demgemäss ist ἀνήμερος „ungesittet" bei Anacr. fr. 1, 7 ἀνημέρους — πολιήτας und Aesch. Pr. 742 ἀνήμεροι γὰρ οὐδὲ πρόσπλατοι ξένοις, „unkultiviert" Aesch. Eum. 14 χθόνα ἀνήμερον τιθέντες ἡμερωμένην; ἁμερόω so auch bei Pind. J. 3, 75 ναυτιλίαισί τε πορθμὸν ἁμερώσαις (Herakles).

Im Widerspruch mit der Angabe, dass sich bei Homer ἥμερος noch nicht im übertragenen Sinne finde, scheint zu stehen Plat. Gorg. 516 C οὐκοῦν οἵ γε δίκαιοι ἥμεροι, ὡς ἔφη Ὅμηρος. Kinkel in den Epicorum Graecorum fragmenta I 71 macht daraus ein Sprüchlein ἥμεροι οἵ γε δίκαιοι und setzt es unter die incertae sedis fragmenta des Homer.

Das ist zum mindesten unnötig. Mit Recht weisen die Herausgeber des Gorgias hin auf die Stellen ζ 120 = ι 175 ἦ ῥ' οἵ γ' ὑβρισταί τε καὶ ἄγριοι οὐδὲ δίκαιοι (man vgl. noch θ 575 χαλεποί τε καὶ ἄγριοι οὐδὲ δίκαιοι.

ι 215 ἄγριον, οὔτε δίκας ἐῢ εἰδότα οὔτε θέμιστας); dass Platon diese Stellen im Auge hat, wird noch wahrscheinlicher, wenn man den ganzen Passus liest, in dem beständig ἥμερος und ἄγριος im eigentlichen und übertragenen Sinn einander gegenüberstehen, wenn man ferner sieht, wie überhaupt bei Platon und sonst die beiden Wörter auch im übertragenen Sinn die ständigen Gegensätze bilden. Allein aus der Republik habe ich mir folgende Stellen notiert: VI 486 B εἰ ἄρα δικαία τε καὶ ἥμερος (scil. ἡ ψυχή) ἢ δυσκοινώνητος καὶ ἀγρία. VII 549 A δούλοις μέν τις ἂν ἄγριος εἴη ὁ τοιοῦτος, ἐλευθέροις δὲ ἥμερος. VIII 571 C τὸ μὲν ἄλλο τῆς ψυχῆς —, ὅσον λογιστικὸν καὶ ἥμερον —, τὸ δὲ θηριῶδές τε καὶ ἄγριον ... 589 D αἰσχρὰ δὲ τὰ ὑπὸ τῷ ἀγρίῳ τὸ ἥμερον δουλούμενα. Aus ἄγριοι οὐδὲ δίκαιοι konnte also Platon, ohne falsch zu zitieren, ἥμεροι οἱ δίκαιοι machen.

Mit Recht streicht daher Peppmüller (Über die incertae sedis fragmenta Homerica in Fleckeisens Jahrbb. 143 [1891] S. 373 f.) das 3. Fragment Kinkels und wendet sich gegen Sittl, der (Wiener Studien XII 47) von einem Missbrauch des homerischen Namens durch Platon spricht, und gegen R. Volkmann (Hom. als Dichter des ep. Kyklos. Jauer 1884 S. 7), der es für „völlig unzulässig" erklärt, die Gorgiasstelle auf ζ 120 und ι 175 zu beziehen.

θερμός

bezeichnete auch in Prosa nicht selten metaphorisch den Hitzigen, Leidenschaftlichen, besonders aber den verwegenen Frevler. Diese Übertragung tritt zuerst bei Aeschylus auf: Eum. 563 γελᾷ δὲ δαίμων ἐπ' ἀνδρὶ θερμῷ. Sept. 590 ἢ γὰρ ξυνεισβὰς πλοῖον εὐσεβὴς ἀνὴρ ναύταισι θερμοῖς — ὄλωλεν ἀνδρῶν σὺν θεοπτύστῳ γένει.

θεσμός

kommt bei Homer nur einmal vor: ψ 296 οἱ μὲν ἔπειτα ἀσπάσιοι λέκτροιο παλαιοῦ θεσμὸν ἵκοντο. Ausgehend von

dem allgemein üblichen Gebrauche von θεσμός übersetzte
man früher: leges et iura veteris thalami repetiverunt
(Thesaurus) oder ähnlich. Döderlein (Hom. Gloss.
III 363) wies zuerst darauf hin, dass hier θεσμός nicht „Satzung"
bedeuten könne, wodurch der Ausdruck unerträglich ge-
künstelt würde, sondern, der Ableitung vom Stamme ΘΕ
(θεῖναι) gemäss und analog dem verwandten θέσις und
θεμέθλιον, hier die rein sinnliche Bedeutung „Stätte,
Stelle" habe. Ameis im Anh. z. d. St. stimmt bei
und bemerkt noch: „Hierzu kommt, dass die homerischen Nomina auf — μος vorherrschend einen anschau-
lich konkreten Begriff zeigen, während die abstrakte
Bedeutung nur höchst vereinzelt erscheint. Von anschau-
lichen Lokalbegriffen finden wir ἀρδμός, βωμός, θάλαμος,
θρωσμός, κευθμός, ὅρμος, πορθμός, ῥωχμός, σταθμός,
χηραμός. Und hieher wird auch θεσμός gehören."
Mit einer andern sinnlichen Bedeutung von θεσμός
macht uns eine Glosse des Hesychius bekannt: θεσμούς·
νόμους θείους· ἢ τὰς συνθέσεις τῶν ξύλων. Also
konnte θεσμός auch ein Haufe zusammengelegter Hölzer
(oder wohl Materialien überhaupt) sein. Im Grunde dieselbe
Bedeutung erwähnt Apollonius Sophista 87, 21 καὶ γὰρ
ὁ θησαυρὸς θεσμὸς λέγεται, καθάπερ καὶ Ἀνακρέων
λέγει· ἀπὸ δ' ἐξείλετο θεσμὸν μέγαν (fr. 58 Bgk.). In dieser Bedeutung „Zusammengelegtes, Aufgehäuftes" sind ausser
θησαυρός noch die stammverwandten Wörter θημών (ε 368
ἥων θημῶνα einen Haufen Spreu) und θωμός (Aesch.
Ag. 307 γραίας ἐρείκης θωμόν einen Haufen alten Heide-
krauts) zu vergleichen.
Die sonst überall vorliegende Bedeutung „Satzung,
Gesetz" geht freilich auf keine von diesen beiden sinnlichen Bedeutungen zurück, doch wird auch wohl sie sich
aus einer solchen durch Übertragung entwickelt haben. Wir
finden sie — von hymn. Hom. 7, 16 εἰρήνης — ἐν ἀπήμοσι
θεσμοῖς ist wegen der späten Ablassungszeit dieses Hymnus
abzusehen — zuerst bei Solon fr. 36, 16 θεσμοὺς δ' ὁμοίως
τῷ κακῷ τε κἀγαθῷ — ἔγραψα, dann öfters bei Aeschylus,

z. B. Eum. 394 θεσμὸν τὸν μοιρόκραντον, die entsprechende dorische Form τεθμός bei Pindar, z. B. P. 1, 64 αἰεὶ μένειν τεθμοῖσιν ἐν Αἰγιμιοῦ Δωρίοις¹).

καθαρός

(eigentlich z. B. δ 750 καθαρὰ χροΐ εἵμαθ' ἑλοῦσα) steht bei Homer nur einmal übertragen, und zwar erst in der Odyssee χ 462 καθαρῷ θανάτῳ, wo der ehrliche Tod durchs Schwert im Gegensatz zu dem schmachvollen Hängen gemeint ist.

Ein weiterer Fall metaphorischen Gebrauchs findet sich

---

1) J. Simon erwähnt in seinen „epigraphischen Beiträgen zum griechischen Thesaurus" (Ztschr. f. österr. Gymn. 1891 S. 481 ff.), dass τέθμιον in einer Inschrift von Orchomenos (Bull. corr. hell. IV.) die im Thesaurus nicht verzeichnete Bedeutung „Hinterlegung von Schuldforderungen" habe. Dort heisst es (p. 5) viermal τεθμίω Fίστωρ (Z. 165. 169. 172. 175) „Zeuge der Hinterlegung der Schuldforderung" (an die Stadt O.). Damit ist also für τέθμιον, das sonst nur in der geistigen Bedeutung „Gesetz" nachzuweisen war (z. B. Pind. J. 5, 20), die sinnliche Bedeutung „Hinterlegung, Deponierung" gewonnen. τιθέναι ist dafür in Geldgeschäften ein ganz geläufiger Ausdruck (s. d. Lex.), auch in unserer Inschrift wird es von Finanzurkunden gebraucht (z. B. Z. 135 ff. τὰν σύγγραφον τὰν τεθεῖσαν παρ Ειφιάδαν κὴ τὸ ἀντίγραφον κὴ τὸ ἀντίγραφον τῶ ὁμολόγω τῶ τεθέντος παρ Θιόφεστον).

Am Schlusse der Inschrift Z. 179 heisst es τῶν τεθμοφυλάκων γραμματεὺς Σα ... Nach Simon wären die τεθμοφύλακες die „Wächter, Aufbewahrer des τέθμιον" (also der hinterlegten Schuldforderungen an die Stadt) Soll man hiefür wirklich in Orchomenos eine eigene Behörde annehmen? Der erste Bestandteil des Wortes ist nicht τέθμιον, sondern τεθμός; und dies möchte ich in der durch die oben mitgeteilte Notiz des Apollonius καὶ γὰρ ὁ θησαυρὸς θεσμὸς λέγεται erhaltenen Bedeutung „Schatz, aerarium" fassen. τεθμός und θεσμός sind ja nur die nach den Dialekten verschiedenen Formen desselben Worts. τεθμο-φύλακες ist also wohl gleichbedeutend mit θησαυρο-φύλακες (s. d. Lex.) „Schatzwächter, Schatzbeamte", in deren Kompetenz natürlich auch die τέθμια fielen.

in dem einzigen lyrischen Fragment des Eumelos: *Μοῖσα* | *ἅ καθαρὰν κίθαριν καὶ ἐλεύθερα σάμβαλ' ἔχοισα*, wenn Bergks geistreiche Ergänzung des Hexameters durch *κίθαριν* richtig ist; gemeint ist dann die lautere Hoheit des Zitherspiels im Gegensatz zu den unruhigen, aufregenden Weisen der Flöte. Dass *καθαρός* metaphorisch von einem Musikinstrument gesagt werden konnte, beweist jedenfalls Simon. C. fr. 148, 7:

*εὖ δ' ἐτιθηνεῖτο γλυκερὰν ὄπα Δωρίοις Ἀρίστων
Ἀργεῖος ἡδὺ πνεῦμα χέων καθαροῖς ἐν αὐλοῖς*

(wo doch niemand an gereinigte Flöten denken wird); dass hier die Flöte dies Attribut erhält, ist nur ein Zeichen verschiedenen Geschmacks.

Weiterhin kommt *καθαρός* übertragen vor, und zwar von sittlicher Reinheit, bei Xenophanes fr. 1, 14 *εὐφήμοις μύθοις καὶ καθαροῖσι λόγοις*, dann bei Theognis 89 *ἀλλὰ φίλει καθαρὸν θέμενος νόον* („aufrichtigen Sinnes") und 198 *χρῆμα δ', ὃ μὲν Διόθεν καὶ σὺν δίκῃ ἀνδρὶ γένηται καὶ καθαρῶς* („auf lauteren Wegen"), *αἰεὶ παρμόνιμον τελέθει*, bei Epicharm v. 305 Mull. *καθαρὸν αἴκα νόον ἔχῃς, ἅπαν τὸ σῶμ' ἐσσὶ καθαρός*.

Am weitesten, zuweilen bis zu einer abstrakten Verflüchtigung des Bildes, geht, wie auch sonst oft, Pindar in dem metaphorischen Gebrauch von *καθαρός*. O. 6, 93 *καθαρῷ σκάπτῳ* (mit unbeflecktem Szepter) *διέπων*. P. 5, 2 *ἀρετᾷ — καθαρᾷ*. J. 4, 24 *τέτραπται θευδότων ἔργων κέλευθον ἂν καθαράν* („glänzend, ruhmreich"). O. 4, 14 *καθαρᾷ γνώμᾳ*. fr. 122, 13 *διδάξαμεν χρυσὸν καθαρᾷ βασάνῳ* (am reinen, d. h. wahrhaften Prüfstein). O. 1, 26 *ἐπεί νιν* (den Pelops) *καθαροῦ λέβητος ἐξέλε Κλωθώ* (der Kessel war durch keine Schauerthat befleckt!). P. 3, 15 *φέροισα σπέρμα θεοῦ καθαρόν*.

Aeschylus steht an Zahl und Stärke der Übertragungen von *καθαρός* weit hinter Pindar zurück. Wo es bei ihm Reinheit von Blutschuld bezeichnet, ist die Vorstellung von körperlicher Reinheit nicht ausgeschlossen: Eum. 313 *καθα-*

ράς χεῖρας, Gegenteil 318 χεῖρας φονίας. 477 ἱκέτης προσ-
ήλθες καθαρὸς ἀβλαβὴς δόμοις. Dagegen ist die Metapher
ganz frei Suppl. 662 καθαροῖσι βωμοῖς („unentweihten
Altären").

καθίστημι

kennt Homer nur in der eigentlichen Bedeutung „setze nie-
der, stelle hin, bringe hin": I 202 μείζονα δὴ κρητῆρα,
Μενοιτίου υἱέ, καθίστα. μ 185 δεῦρ' ἄγ' ἰών — νῆα κα-
τάστησον. ν 274 τούς μ' ἐκέλευσα Πύλονδε καταστῆσαι
καὶ ἐφέσσαι. Das Medium h. Ap. 407 οὐδ' ἔλυον λαῖφος
νηὸς κυανοπρώροιο, ἀλλ' ὡς τὰ πρώτιστα κατεστήσαντο
βοεῦσιν („wie sie es sich zuerst mit den Riemen gerichtet,
gestellt hatten"), ὣς ἔπλεον.

Sehr ausgedehnt ist später der übertragene Gebrauch
des Verbums. In der Bedeutung „anordnen, einrichten" steht
es zweimal Aesch. Pers. 385 ff.:

καὶ πάννυχοι δὴ διάπλοον καθίστασαν
ναῶν ἄνακτες πάντα ναυτικὸν λεών.
καὶ νὺξ ἐχώρει κοὐ μάλ' Ἑλλήνων στρατὸς
κρυφαῖον ἔκπλουν οὐδαμῇ καθίστατο.

Das erstemal steht διάπλ. καθ. als ein Ausdruck für
διήγαγον[1]). Mit doppeltem Akkusativ, im Sinn von „jemand
in ein Amt, eine Würde einsetzen, jemand zu etwas machen"
steht das Verbum zuerst bei Pratinas fr. 1, 6 τάν ἀοιδὰν
κατέστασε Πιερὶς βασίλειαν, dann bei Aeschylus Eum. 709

---

1) Wenn hier nicht διάπλοος Adjektiv ist, wie auch περίπλοος
und ἐπίπλοος als Adjektiva vorkommen (s. d. Lex.). Dann wäre zu
übersetzen „sie machten das Heer überfahrend". Passow und Pape
kennen διάπλοος als Adjektiv nicht, ebensowenig der Thesaurus.
Jedenfalls ist die oben gegebene Erklärung sprachlich nicht unmöglich: vgl. Soph. El. 123 τίν' ἀεὶ τάκεις ὧδ' ἀκόρεστον οἰμωγὰν
τὸν πάλαι — ὀλόντ' Ἀγαμέμνονα; Hier steht τίνα τάκεις οἰμω-
γάν; für τί οἰμώζεις; und davon hängt der zweite acc. Ἀγαμέμνονα ab.

τοῦτο βουλευτήριον — φρούρημα γῆς καθίσταμαι („setze mir ein").

Intransitiv (aor. II. und perf.) steht das Verbum zuerst in den durch die 'Αθ. πολ. neu bekannt gewordenen solonischen Zeilen ἐγὼ δὲ τούτων ὥσπερ ἐν μεταιχμίῳ ὅρος κατέστην (Kenyon p. 32) und dann z. B. Pind. P. 4, 135 ἐσσυμένοι δ᾿ εἴσω κατέσταν; übertragen Aesch. Pers. 298 λέξον καταστάς, κεἰ στένεις κακοῖς ὅμως „sprich gefasst, ruhig" (καταστῆναι „sich legen, beruhigen", z. B. Hdt. III 80 ἐπείτε δὲ κατέστη ὁ θόρυβος).

κελεύω

findet sich in seiner sinnlichen Grundbedeutung „treibe an, setze in Bewegung" noch zweimal bei Homer: Ψ 642 ὁ μὲν ἔμπεδον ἡνιόχευεν —, ὁ δ᾿ ἄρα μάστιγι κέλευεν und Ω 326

πρόσθε μὲν ἡμίονοι ἕλκον τετράκυκλον ἀπήνην,
τὰς Ἰδαῖος ἔλαυνε δαΐφρων, αὐτὰρ ὄπισθεν
ἵπποι, τοὺς ὁ γέρων ἐφέπων μάστιγι κέλευεν
καρπαλίμως κατὰ ἄστυ —

„die Rosse, welche der Greis hinterher mit der Geissel rasch die Stadt hinab trieb". κέλευεν steht hier offenbar synonym mit ἔλαυνε. [1])

Diese sinnliche Grundbedeutung müssen wir natürlich auch für das primitivere, später ganz von κελεύω verdrängte κέλομαι ansetzen, wenn wir auch keine Belegstellen mehr dafür haben.

Verfehlt ist es daher, κέλομαι und κελεύω in etymologischen Zusammenhang mit καλέω zu bringen; dagegen empfiehlt sich sehr die Ableitung von der W. kal impellere, incitare (skr. kalájāmi), der im Griechischen ausserdem κέλ-

---

1) Es ist wohl nicht ohne Bedeutung, dass an beiden Stellen μάστιγι κέλευεν den Versschluss bildet, denn an dieser Stelle erhielten sich am leichtesten alte epische Formeln; vergl. die Anmerkung zu πικρὸς ὀϊστός unter πικρός.

λειν treiben (das Schiff ans Land), κέλης Rennpferd, βουκόλος Rindertreiber, und auch das lat. cellere angehört (vgl. Lex. Hom. und Curtius GZ. No. 48).

κέρας

„Horn" wurde von den Griechen vielfach metaphorisch gebraucht, doch kennt Homer noch keine der allgemein üblichen Übertragungen. In dem vielbesprochenen Vers Λ 385 τοξότα, λωβητῆρ, κέραι ἀγλαέ, παρθενοπῖπα bedeutet κέρας nicht metonymisch den aus Horn gefertigten Bogen — als Bogenschütze ist der Angeredete (Paris) bereits durch τοξότα gekennzeichnet —, sondern nach der alten, nun durch zahlreiche archaische Bildwerke bestätigten Erklärung metaphorisch die spiralförmige Haarflechte. So nennt Archilochos (fr. 57) einen um seine Haartoilette bemühten Gecken κεροπλάστης. Doch kam diese Metapher mit der genannten Mode ab.

Die Bezeichnung eines Flussarms als κέρας findet sich zuerst Hes. Th. 789, wo der Styx Ὠκεανοῖο κέρας genannt wird, dann bei Pindar fr. 201 ἔσχατον Νείλου κέρας.

Auch von Berg- und Felsspitzen wurde κέρας (wie bei uns „Horn") gebraucht; so heissen noch jetzt zwei auffallende scharf geschnittene Erhebungen auf dem die Grenze zwischen Attika und Megaris bildenden Höhenzug τὰ Κέραια. Diese Übertragung verwertet bereits Pindar in dem Ausdruck ὑψικέρατα πέτραν fr. 325.

Bei Aeschylus begegnen wir zum erstenmal dem militärischen term. techn. κέρας für „Flügel" eines Landheers oder einer Flotte: Pers. 402 τὸ δεξιὸν — κέρας, wie dem nautischen κεραία für „Raa": Eum. 560 θραυομένας κεραίας (wofür auch κέρας gebraucht wurde).

κρύπτω

in der übertragenen Bedeutung „verschweige, verheimliche" kommt erst von der Odyssee an vor: δ 350 = ρ 141 τῶν οὐδέν τοι ἐγὼ κρύψω ἔπος οὐδ' ἐπικεύσω. λ 442 μή οἱ μῦθον ἄπαντα πιφαυσκέμεν, ὅν κ' ἐὺ εἰδῇς, ἀλλὰ τὸ μὲν φάσθαι, τὸ δὲ καὶ κεκρυμμένον εἶναι. So dann auch bei Pindar P. 9, 94 τό γ' ἐν ξυνῷ πεπονημένον εὖ μὴ — κρυπτέτω, bei Aeschylus Pr. 652 μήτοι με κρύψῃς τοῦθ' ὅπερ μέλλω παθεῖν und beim Philosophen Heraklit fr. 11 ὦναξ, οὗ τὸ μαντεῖόν ἐστι τὸ ἐν Δελφοῖς, οὔτε λέγει οὔτε κρύπτει, ἀλλὰ σημαίνει (Apollo „redet weder heraus, noch verschweigt er, sondern er deutet an").

κωφός.

Für die Bestimmung der Grundbedeutung gehen wir aus von Λ 389 ff., wo Diomedes dem triumphierenden Paris, der ihn mit dem Pfeil leicht am Fuss verletzt hatte, zuruft:
οὐκ ἀλέγω, ὡς εἴ με γυνὴ βάλοι ἢ πάις ἄφρων·
κωφὸν γὰρ βέλος ἀνδρὸς ἀνάλκιδος οὐτιδανοῖο.
ἦ τ' ἄλλως ὑπ' ἐμεῖο, καὶ εἴ κ' ὀλίγον περ ἐπαύρῃ,
ὀξὺ βέλος πέλεται, καὶ ἀκήριον αἶψα τίθησιν.
Das in genauem Gegensatze stehende ὀξύ weist deutlich genug darauf hin, dass κωφός hier die Bedeutung „stumpf" hat; natürlich ist diese sinnlichste aller Bedeutungen von κωφός auch die Grundbedeutung, wie die Etymologie bestätigt, die das Wort von der W. κοπ (κόπτω haue, κοπεύς Meissel, κάπων Kapaun, d. h. castratus u. s. f.) ableitet (Curtius GZ. No. 68b u. a.). κωφός heisst demnach ursprünglich „der Spitze beraubt, abgehauen (obtusus), stumpf."

Schwieriger zu erklären ist κωφός in Ξ 16
ὡς δ' ὅτε πορφύρῃ πέλαγος μέγα κύματι κωφῷ
ὀσσόμενον λιγέων ἀνέμων λαιψηρὰ κέλευθα,
αὔτως, οὐδ' ἄρα τε προκυλίνδεται οὐδ' ἑτέρωσε
πρίν τινα κεκριμένον καταβήμεναι ἐκ Διὸς οὖρον,
ὡς ὁ γέρων ὥρμαινε δαϊζόμενος κατὰ θυμὸν
διχθάδι', ἢ μεθ' ὅμιλον ἴοι Δαναῶν ταχυπώλων
ἠὲ μετ' Ἀτρείδην Ἀγαμέμνονα, ποιμένα λαῶν.
Aristarch erklärte, ausgehend von der späteren Bedeutung von κωφός „stumm": κωφῷ τῷ ἀγώνῳ καὶ μηδέπω καχλάζοντι καὶ ἀποτελοῦντι ἠχήν· μηδέπω γὰρ ἀνέμου εὐκρινοῦς ὄντος τὸ κῦμα ἠρεμεῖ. Aber die Bedeutung „stumm", die

hier noch eine neue Übertragung auf das Leblose erfahren würde, ist nachhomerisch.

Vielen Beifall hat Lehrs gefunden mit seiner Erklärung „$κωφὸν$ $κῦμα$ non muta est unda, sed rauco sono murmurans, quod unum illo loco quadrat" (Arist.³ p. 118); dieselbe stützt sich auf seine a. a. O. Anm. gegebene Bedeutungsentwicklung: „$κωφός$, quod onomatopoeticum est, ab initio dictum de rebus non clangore, sed murmure aures ferientibus. Hinc $κῦμα$ $κωφόν$, sim. Hinc ipsae aures sic dictae, h. e. in quibus pro claro et expresso sono murmur est, uti caecus a rebus ad oculos translatum. Item recte sic dicti muti, proprie mussitantes. Tum translatum ab auribus et dicta $κωφά$ etiam quae alios sensus non sua vi tangunt, ut $κωφὰ$ $βέλη$".

So fein das ausgedacht ist, so müssen wir doch an der Grundbedeutung „stumpf" festhalten, die $Λ$ 390 unzweifelhaft vorliegt und ausserdem durch das Zeugnis der Etymologie gesichert ist¹), und von ihr aus unsere Stelle zu erklären suchen.

Im Lex. Hom. wird als Grundbedeutung von $κωφός$ „obtusus" angegeben und doch das Wort $Ξ$ 16 „de sonitu rauco" erklärt. Ist ein solcher Übergang möglich? Man könnte dafür die Analogie von $ὀξύς$, auch von $πικρός$ anführen, welche Wörter doch auch vom Schall gebraucht werden; aber es darf nicht übersehen werden, dass $ὀξύς$ nicht an sich „laut" heissen kann, sondern nur in Verbindung mit einem Wort, das irgend eine Art des Schalles bezeichnet.

---

1) Eine weitere Bestätigung geben folgende Glossen des Hesychius: $κωφᾷ$ · $πηροί$. $κωφεῖ$ · $κακουργεῖ$, $βλάπτει$. $κολούει$. $πηροῖ$. $κωφῆσαι$ · $κολοῦσαι$. $κώφησις$ · $κόλουσις$. $κωφήτιος$ · $βλαπτιος$. Daraus ergibt sich die Existenz von zwei Verbis $κωφάω$ und $κωφέω$ mit der Grundbedeutung „verstümmeln" (= $κολούειν$ und $πηροῦν$), von denen das letztere (vielleicht auch $κωφάω$, wenn zu ihm $κωφήτιος$ gehört) auch metaphorisch „schädigen, misshandeln" bedeutete. Das Stammwort ist natürlich unser $κωφός$ in seiner Grundbedeutung „stumpf, abgehauen".

Vgl O 313 ἀυτή ὀξεῖ'. P 89 ὀξὺ βοήσας. Υ 52 ὀξὺ — Τρώεσσι κελεύων ("zurufend"). Hes. Scut. 233 ἰάχεσκε σάκος — ὀξέα καὶ λιγέως. 348 ἵπποι — ὀξεῖα χρέμισαν. Aesch. Pers. 1059 ἀύτει δ᾽ ὀξύ. So wenig aber ὀξὺ κῦμα die lauttönende Woge heissen könnte, so wenig kann κῦμα κωφόν die dumpftönende sein.

Gegen Lehrs sucht die alte aristarchische Erklärung durch einen neuen Grund zu stützen Hecht in seinen Quaestiones Homericae (Regimontii 1882) p. 29: Immo dubitatio in Nestoris animo antequam certum capit consilium undis comparatur sine strepitu fluctuantibus. Sicut fluctuatio muta esse desiit, cum auctae undae magno cum murmure ad littora volvuntur, ita dubitatio animi consilio capto. Aber abgesehen davon, dass es unstatthaft ist, in so untergeordneten Zügen der homerischen Gleichnisse Vergleichungspunkte aufzuspüren, wird Hechts Grund auch dadurch hinfällig, dass gar keine Rede des Nestor folgt; er entschliesst sich einfach, zu Agamemnon zu gehen, und führt den Entschluss aus:

ὧδε δέ οἱ φρονέοντι δοάσσατο κέρδιον εἶναι
βῆναι ἐπ᾽ Ἀτρεΐδην.

Ein sicherer Anhaltspunkt für die Deutung von κύματι κωφῷ liegt allein in dem Ausgehen von der Grundbedeutung von κωφός „abgehauen, stumpf". Was seiner Spitze oder Schärfe beraubt ist, z. B. ein Geschoss oder ein Messer, ist damit auch der ihm eigentümlichen Kraft und Wirkung beraubt; so streift κωφός schon in der oben angeführten Stelle Λ 390 κωφὸν γὰρ βέλος ἀνδρὸς ἀνάλκιδος οὐτιδανοῖο hart an die Bedeutung „kraftlos, wirkungslos, matt." Diese Bedeutung scheint nun voll ausgeprägt hier vorzuliegen; κῦμα κωφὸν bezeichnet das matte, schwache, unentschlossene Gewoge des Meeres, das dann in dem Vers αὔτως „nur so", ohne Ziel und Zweck, οὐδ᾽ ἄρα τε προκυλίνδεται οὐδ᾽ ἑτέρωσε (rückwärts, nämlich κυλίνδεται) ausgemalt wird. Ihm stehen die langen gewaltigen Wellenzüge gegenüber, die ein entschiedener, fester Wind (κεκρημένος οὖρος) vor sich hertreibt. Schon Döderlein (Hom. Gloss. III 189) erklärte den Ausdruck so, allerdings unter Ableitung des Wortes κωφός von κέκηφα.[1])

Leider ist uns die Stelle, in der wir dem Ausdruck noch einmal begegnen[2]) — Alcm. fr. 6 χερσόνδε κωφὸν ἐν φύκεσσι

---

[1]) Nachträglich werde ich aufmerksam auf das ἅπ. εἰρ. κολόκυμα bei Aristoph. Equ. 692. Dort sagt der Wursthändler beim Herannahen des wutschnaubenden Kleon: καὶ μὴν ὁ Παφλαγὼν οὑτοσὶ προσέρχεται ὠθῶν κολόκυμα καὶ ταράττων καὶ κυκῶν ..., und gleich bricht das Unwetter los, indem Kleon ihn anfährt: εἰ μή σ᾽ ἀπολέσαιμ᾽, εἴ τι τῶν αὐτῶν ἐμοὶ ψευδῶν ἐνείη, διαπέσοιμι πανταχῇ.

Κόλος ist genau das, was κωφός in seiner Grundbedeutung ist, nämlich „abgehauen, verstümmelt" (wie denn auch Hesychius κωφεῖν mit κολούειν wiedergibt, s. o.). κολόκυμα ist nicht zu verstehen, wenn wir es nicht zusammenbringen mit κῦμα κωφόν an der besprochenen Homerstelle. Hier wie dort ist eine Wellenart gemeint, die dem Ausbruch des Unwetters vorhergeht und ihn anzeigt, bei Homer aber ist der Ausdruck eigentlich, bei Aristophanes metaphorisch. Die erregten Gestikulationen des Kleon sind die Vorboten des Unwetters, das sich alsbald über den Wursthändler entlädt.

Da nun κόλος seiner sinnlichen Grundbedeutung immer treu geblieben ist, so ist zu erwarten, dass es auch in dem comp. κολόκυμα dieselbe aufweist und dass also auch κωφός in κύματι κωφῷ so zu verstehen ist. Und in der That passt „stumpfe Woge" ganz gut in den homerischen Zusammenhang. Das Meer wogt unentschlossen (αὔτως) hin und her, da verschiedene Luftströmungen es bewegen, bis ein entschiedener Wind (κεκριμένος οὖρος) dreinfährt. Da bringt es keine Wellenzüge (κύματα μακρά) hervor, die sich mit scharfen Kämmen vorwärts bewegen, sondern nur stumpfe, abgeflachte Wellenhügel, die nicht von der Stelle rücken (οὐδ᾽ ἄρα τε προκυλίνδεται οὐδ᾽ ἑτέρωσε), sondern im Widerstreit der bewegenden Kräfte sich in immer neue schwankende Bildungen auflösen. Sollten nicht κύματα κωφά diese stumpfen, flachen Wellenbildungen sein?

[2]) Von Apoll. Rhod. IV 153

οἷον ὅτε βληχροῖσι κυλινδόμενον πελάγεσσιν
κῦμα μέλαν κωφόν τε καὶ ἄβρομον ...

sehen wir ab, da es sich hier um eine künstliche Neubelebung des homerischen Ausdrucks handelt, der, wie ἄβρομον zeigt, in derselben Weise gedeutet wurde, wie von Aristarch.

πιτνεῖ, wo gewiss κῦμα zu ergänzen ist — nicht im Zusammenhang erhalten, so dass wir keine Aufklärung daraus gewinnen können. Doch steht nichts im Wege, anzunehmen, dass eine „matte, anspülende Welle" (Döderlein) gemeint sei.

Die dritte Homerstelle, an der κωφός vorkommt, ist Ω 54

κωφὴν γὰρ δὴ γαῖαν ἀεικίζει μενεαίνων.

Subjekt ist Achilleus. Auch hier will Lehrs übersetzen „die dumpfdröhnende Erde"; das trifft aber, wie Hecht (p. 28) hervorhebt, nicht den Sinn der Stelle; der Dichter will doch offenbar sagen, dass der edle Achill sich so weit vergessen hat, ein ganz empfindungs-, folglich auch wehrloses Ding, wie Erde, zu misshandeln. κωφός ist mit Nachdruck an die Spitze des Satzes gestellt. Es wird hier auf die Sinne übertragen und bedeutet „empfindungslos".

Die Bedeutung „taub", d. h. stumpfen Gehörsinnes, lässt sich zuerst nachweisen im Hymnus auf Hermes v. 92 καί τε ἰδὼν μὴ ἰδὼν εἶναι καὶ κωφὸς ἀκούσας, weiterhin Aesch. Sept. 184 ἤκουσας ἢ οὐκ ἤκουσας, ἢ κωφῇ λέγω; Ch. 880 κωφοῖς ἀυτῶ. Heraclit. fr. 4 ἀξύνετοι ἀκούσαντες κωφοῖς ἐοίκασι. Epicharm. v. 253 νόος ὁρῇ καὶ νόος ἀκούει· τἆλλα κωφὰ καὶ τυφλά.

Die Bedeutung „geistig stumpf, stumpfsinnig" findet sich zuerst bei Pindar P. 9, 87 κωφὸς ἀνήρ τις, ὃς Ἡρακλεῖ στόμα μὴ περιβάλλει. —

Die Grundbedeutung von κωφός ist also „stumpf". Übertragen fanden wir es:

1) auf Physisches — „kraftlos, matt": Ξ 16 (doch vergl. die Anm. S. 51).

2) auf die Sinne — „empfindungslos": Ω 54. Beschränkt (determiniert) auf den Gehörsinn — „taub". So von hymn. Merc. an.

3) auf den Geist — „stumpfsinnig, blöde". Von Pindar an.

λαμπρός

„glänzend" kennt Homer nur in eigentlicher Bedeutung; übertragen im Sinn von „hervorstechend, bedeutend" steht es zuerst bei Pindar N. 8, 34 πάρφασις —, ἃ τὸ μὲν λαμπρὸν βιᾶται, τῶν δ᾽ ἀφάντων κῦδος ἀντείνει σαθρόν, im Sinn von „deutlich, klar" zuerst bei Aeschylus Pr. 859 λαμπρῶς κοὐδὲν αἰνικτηρίως. Eum. 800 λαμπρὰ μαρτύρια παρῆν.

λέγω

bedeutet bekanntlich ursprünglich „ich sammle, lese auf", ist uns aber besonders geläufig in der Bedeutung „ich sage". Wie hängen beide Bedeutungen zusammen?

Homer gibt auch auf diese Frage die Antwort. Wir finden bei ihm zunächst λέγειν in der sinnlichen Grundbedeutung „sammeln, auflesen": Ψ 239 ὀστέα Πατρόκλοιο — λέγωμεν. ω 72 λέγομεν λεύκ᾽ ὀστέ᾽, Ἀχιλλεῦ. Λ 755 κτείνοντές τ᾽ αὐτοὺς ἀνά τ᾽ ἔντεα καλὰ λέγοντες. σ 359 αἱμασιάς τε λέγων. ω 224 αἱμασιὰς λέξοντες. So ἀναλέγειν „auflesen" Ψ 253 ὀστέα λευκὰ ἄλλεγον ἐς χρυσέην φιάλην. Φ 321 ὀστέ᾽ — ἀλλέξαι; συλλέγειν „zusammenlesen" Σ 301 συλλέξας λαοῖσι δύω; προλέγειν „erlesen (vor anderen)" Ν 689 οἱ μὲν Ἀθηναίων προλελεγμένοι; παλίλλογος „wieder gesammelt" Λ 126 λαοὺς δ᾽ οὐκ ἐπέοικε παλίλλογα ταῦτ᾽ ἐπαγείρειν.

So das Medium λέγεσθαι 1) „sich versammeln" Β 125 Τρῶες μὲν λέξασθαι. Ν 276 εἰ γὰρ νῦν παρὰ νηυσὶ λεγοίμεθα πάντες ἄριστοι ἐς λόχον. 2) „für sich sammeln" Ω 793 ὀστέα λευκὰ λέγοντο. Θ 507 ἐπὶ δὲ ξύλα πολλὰ λέγεσθε (547 — λέγοντο); ebenso συλλέγεσθαι Σ 413 ὅπλα τε πάντα λάρνακ᾽ ἐς ἀργυρέην συλλέξαιο. β 292 ἑταίρους — συλλέξομαι; daher auch „sich auslesen, aussuchen" Φ 27 δυώδεκα λέξατο κούρους. ω 108 οὐδέ κεν ἄλλως κρινάμενος λέξαιτο κατὰ πτόλιν ἄνδρας ἀρίστους.

Das Zählen ist ein geistiges Sammeln. So bedeutet auch λέγειν — nun schon metaphorisch — bei Homer „zählen", λέγεσθαι als med. „bei sich überzählen". δ 451 ἔνδιος δ᾽ ὁ γέρων ἦλθ᾽ ἐξ ἁλός, εὗρε δὲ φώκας ζατρεφέας, πάσας δ᾽ ἄρ᾽ ἐπῴχετο, λέκτο δ᾽ ἀριθμόν. ἐν δ᾽ ἡμέας πρώτους λέγε κήτεσιν …

Γ 188 καὶ γὰρ ἐγὼν ἐπίκουρος ἐὼν μετὰ τοῖσιν ἐλέχθην.
ι 335 τέσσαρες, αὐτὰρ ἐγὼ πέμπτος μετὰ τοῖσιν ἐλέγμην.
Von „zählen" kommt dann λέγειν bei Homer noch zu der Bedeutung „aufzählen, hersagen, erzählen"; einfach „sagen" bedeutet es bei ihm aber noch nicht. Buttmann hat unter den Neueren zuerst (im Lexilogus II 88 ff.) auf diese Thatsache hingewiesen. Die Stellen sind folgende: *B* 222 τότ' αὖτ' Ἀγαμέμνονι δίῳ ὀξέα κεκληγὼς λέγ' ὀνείδεα (von einer „Litanei von Schmähungen" Buttmann). *τ* 203 ἴσκε ψεύδεα πολλὰ λέγων ἐτύμοισιν ὁμοῖα. *ε* 5 τοῖσι δ' Ἀθηναίη λέγε κήδεα πόλλ' Ὀδυσῆος. *λ* 374 σὺ δέ μοι λέγε θέσκελα ἔργα. *μ* 165 τὰ ἕκαστα λέγων ἑτάροισι πίφαυσκον. *ξ* 197 λέγων ἐμὰ κήδεα θυμοῦ, ὅσσα γε δὴ ξύμπαντα — μόγησα. 362 = *ο* 487 ταῦτα ἕκαστα λέγων. *ψ* 308 ὅσα τ' αὐτὸς ὀϊζύσας ἐμόγησεν, πάντ' ἔλεγ'.

Ein verstärktes λέγειν in dieser Bedeutung ist καταλέγειν (man vergl. unser „heruntersagen"), das bei Homer immer von ausführlicher, geordneter Erzählung gebraucht wird (so in dem Formelvers ἀλλ' ἄγε μοι τόδε εἰπὲ καὶ ἀτρεκέως κατάλεξον *α* 169 u. ö.), und zwar, wie das simplex, besonders in der Odyssee (46 mal); in der Ilias kommt es nur in jüngeren Teilen vor (je 3 mal in *I* und *Ω*, viermal in *K*, einmal in *T*, v. 186, in den Verhandlungen über die Sühnegaben und den Beginn der Schlacht).

Dieser Bedeutung von λέγειν entsprechend kommt auch das Medium im Sinn von „unter sich herzählen, hin- und herreden" vor. *N* 292 = *Y* 244 (ähnlich *γ* 240. *ρ* 296) ἀλλ' ἄγε, μηκέτι ταῦτα λεγώμεθα νηπύτιοι ὥς (womit immer eine längere Unterhaltung abgebrochen wird). *N* 275 οὐδ', ἀρετὴν υἱός ἐσσι· τί σε χρὴ ταῦτα λέγεσθαι; *B* 435 μηκέτι νῦν δήθ' αὖθι λεγώμεθα, μηδέ τι δηρὸν ἀμβαλλώμεθα ἔργον. Hieher gehört auch das bei Homer nur in dem Formelvers ἀλλὰ τί ἤ μοι ταῦτα φίλος διελέξατο θυμός (*Λ* 407. *P* 97. *Φ* 562. *Λ* 122. 385) vorkommende διαλέγεσθαι „hin und her besprechen, erwägen".

Bei Homer also hat λέγειν die Bedeutung „sagen, reden"

noch nicht, der Grundbegriff des Wortes „sammeln", d. h. „eine Mehrheit zusammenfassen" ist auch in der Übertragung noch zu mächtig.

Wie steht es nach Homer? Die Bedeutung „aufzählen, erzählen" liegt noch vor h. Merc. 203 ἀργαλέον μέν, ὅσ᾽ ὀφθαλμοῖσιν ἴδοιο, πάντα λέγειν, wohl auch h. Cer. 58 σοὶ ταῦτα λέγω νημερτέα πάντα; ferner Tyrt. fr. 11, 15 οὐδεὶς ἄν ποτε ταῦτα λέγων („aufzählend") ἀνύσειεν ἕκαστα, ὅσσ᾽, ἤν αἰσχρὰ πάθῃ, γίγνεται ἀνδρὶ κακά. Zweifelhaft kann man sein bei Hes. Th. 27 ἴδμεν ψεύδεα πολλὰ λέγειν ἐτύμοισιν ὁμοῖα, ἴδμεν δ᾽, εὖτ᾽ ἐθέλωμεν, ἀληθέα γηρύσασθαι wegen des korrespondierenden γηρύσασθαι, doch ist das Objekt von λέγειν eine Mehrheit und die Erinnerung an die Grundbedeutung „sammeln" wohl noch vorhanden.

Klar dagegen liegt die Bedeutung „sagen" vor bei Alcman fr. 23, 56 τί τοι λέγω; eine Frage, mit der der Dichter sich selbst unterbricht, und fr. 27 Πολλαλέγων ὄνυμ᾽ ἀνδρί, γυναικὶ δὲ Πασιχάρηα (was der dasselbe zitierende Aristides erklärt: πολλά, φησίν, ὁ ἀνὴρ λεγέτω, γυνὴ δὲ οἷς ἄν ἀκούσῃ χαιρέτω) und in dem comp. μαψιλόγος temere loquens h. Merc. 546 μαψιλόγοισι πιθήσας οἰωνοῖσιν. Von da an ist sie die herrschende Bedeutung. So findet sie sich bei Sappho fr. 28, 4 αἴδως κέ σ᾽ οὐ κίχανεν ὕππατ᾽, ἀλλ᾽ ἔλεγες περὶ τῶ δικαίως, wo die Konstruktion jeden Gedanken an die Grundbedeutung ausschliesst, bei Erinna fr. 6, 2 τῷ κατὰ γᾶς τοῦτο λέγοις Ἀίδᾳ, bei Simon. Amorg. fr. 7, 91 ὅκου λέγουσιν ἀφροδισίους λόγους, bei Xenophanes fr. 7, 4 περὶ τῶνδ᾽ οἶδα λέγειν ἐτύμως u. s. f.

Bei Pindar finden wir noch einmal λέγειν in der Grundbedeutung „sammeln" P. 8, 53 θανόντος ὀστέα λέξαις υἱοῦ, λέγεσθαι in der homerischen Bedeutung „bei sich zählen" P. 4, 189 λέξατο πάντας ἐπαινήσαις Ἰάσων. Diese Stellen beweisen jedoch nichts für die Fortdauer dieser Bedeutungen in der lebendigen Sprache; wir haben, wie so oft bei Pindar, in beiden Fällen wohl bewusste Nachahmung des homerischen Gebrauches vor uns, wie sie dann auch wieder bei den Alexandrinern auftritt (z. B. Apoll. Rh. III 806 φάρμακα λέξασθαι θυμοφθόρα). Aeschylus hat λέγειν über 200 mal, aber nur in der Bedeutung „sage, rede".

So ist λέγειν in seiner Grundbedeutung „sammeln" und den Übergangsbedeutungen „zählen" und „aufzählen, erzählen" frühzeitig abgestorben; erstere hat sich nur in Kompositis, wie ἐκλέγειν „auslesen", συλλέγειν „zusammenlesen" (z. B. Hdt. I 68 τὰ ὀστέα συλλέξας) erhalten, wo der Grundbegriff durch eine Präposition schärfer gefasst und dadurch gleichsam gebunden war [1]).

λεῖος

(lat. lēvis Curt. No. 539) kennt Homer nur in der eigentlichen Bedeutung „glatt, eben" (z. B. Δ 484 αἴγειρος-λείη. Ψ 359 ἐν λείῳ πεδίῳ).

Wie in der eigentlichen Bedeutung, so bildet auch metaphorisch λεῖος den Gegensatz zu τραχύς (s. u. d. W.), indem es das Sanfte, Milde, Einschmeichelnde in Gemütsart, Rede und Stimme bezeichnet. So zuerst in dem neuen bezw. vervollständigten Fragment des Solon in der Ἀθ. πολ. des Aristoteles p. 30 Kenyon: κἀδόκουν — καί με κωτίλλοντα λείως τραχὺν ἐκφανεῖν νόον, dann bei Aesch. Pr. 674 παρηγόρουν λείοισι μύθοις (wie wir sagen „glatte", d. h. einschmeichelnde, berückende Worte).

---

1) Schmidt, Synon. d. gr. Spr. I 108, macht die treffende Bemerkung: „Die ursprüngliche sinnliche Bedeutung tritt sehr oft am unverkennbarsten durch die Zusammensetzung mit Präpositionen hervor". Der Hauptgrund ist wohl der, dass in solchen Fällen die Präposition die ursprünglich dem Wort zu grunde liegende sinnliche Anschauung verstärkt. So bedeuten ἀντάξιος, διακρίνω, διανύω, διαρήσσω, ἐπινομάω, συλλέγω eigentlich nichts weiter als die entsprechenden einfachen Wörter in ihrer Grundbedeutung, doch wird diese durch den ursprünglich pleonastischen Zusatz in ihrer Sinnlichkeit verstärkt und unterliegt deshalb nicht so rasch, wie das simplex, oder überhaupt nicht Veränderungen der Bedeutung (vgl. ἀντάξιος unter ἄξιος, διακρίνω, ἐπινομάω unter νομάω, συλλέγω).

Λείως „vollständig, ganz und gar" wird zu *λεῖος* gehören, wie plane zu planus. Bergk hat das Wort wiederhergestellt Sol. fr. 9

ἀνδρῶν δ᾽ ἐκ μεγάλων πόλις ὄλλυται · εἰς δὲ μονάρχου
δῆμος ἀιδρίη δουλοσύνην ἔπεσεν·
λείως δ᾽ ἐξάραντ᾽ οὐ ῥᾴδιόν ἐστι κατασχεῖν
ὕστερον, ἀλλ᾽ ἤδη χρὴ περὶ πάντα νοεῖν.

Handschriftlich überliefert ist *λίης δ᾽ ἐξέραντα*, umschrieben werden die Worte von Diodor mit πρὶν τελέως ἰσχυρὸν γενέσθαι; indem Bergk dies mit Phot. τὸ γὰρ λέως ἔστι τελέως. Ἀρχίλοχος· Λείως γὰρ οὐδὲν ἐφρόνεον. Apollon. de pron. τελέως, λέως zusammenhielt, gelangte er zu seiner glücklichen Verbesserung. Buchholz nimmt *λείως* auf, erklärt aber unrichtig: „er, der unvermerkt sich erhob".

λήγω.

Den Überrest einer sinnlichen Grundbedeutung dieses Verbums glaube ich zu finden in dem Eigennamen *Κυματολήγη*, der einmal bei Hesiod und sonst nach Benselers Wörterb. d. gr. Eigenn. inschriftlich vorkommt. Die hesiodeische Stelle Th. 252 ff. lautet:

Κυμοδόκη θ᾽, ἣ κύματ᾽ ἐν ἠεροειδέϊ πόντῳ
πνοιάς τε ζαχρηῶν ἀνέμων σὺν Κυματολήγῃ
ῥεῖα πρηΰνει καὶ ἐυσφύρῳ Ἀμφιτρίτῃ.

Κυματολήγη kann nichts anderes sein als eine Göttin, ἣ λήγει τὰ κύματα, die die Wellen beschwichtigt. Mit der hieraus zu erschliessenden Grundbedeutung von *λήγειν* „zur Ruhe bringen, niederhalten, ruhen lassen" stimmt vortrefflich der transitive Gebrauch des Verbums bei Homer in den Stellen N 424 Ἰδομενεὺς δ᾽ οὐ λῆγε (von Eustathios richtig mit ἔπαυσε erklärt) μένος μέγα, ἵετο δ᾽ αἰεί ... Φ 305 οὐδὲ Σκάμανδρος ἔληγε τὸ ὃν μένος, ἀλλ᾽ ἔτι μᾶλλον χώετο Πηλείωνι, und besonders χ 63 οὐδέ κεν ὧς ἔτι χεῖρας ἐμὰς λήξαιμι φόνοιο („die Hände von der Blutarbeit ruhen lassen"), πρὶν πᾶσαν μνηστῆρας ὑπερβασίην ἀποτῖσαι; an letzterer Stelle ist der Ausdruck noch ganz sinnlich.

Dieser transitive Gebrauch von λήγειν ist schon bei Homer dem jedenfalls jüngeren intransitiven Gebrauch des Verbums gegenüber in starkem Rückgang begriffen — auf diesen kommen 15, auf jenen nur die eben angeführten 3 Beispiele — und scheint nach Homer, abgesehen von dem n. pr. Κυματολήγη, gar nicht mehr vorzukommen; bis Aeschylus wenigstens habe ich keinen Fall gefunden.

Intransitiv gebraucht bedeutet λήγειν „zur Ruhe kommen", daher „nachlassen, ermatten, aufhören". Manche homerische Beispiele zeigen noch die sinnliche Frische der Grundbedeutung, so Φ 248 οὐδέ τ' ἔληγε θεὸς μέγας, ὦρτο δ' ἐπ' αὐτῷ (weiterhin v. 305 heisst es von demselben οὐδὲ Σκάμανδρος ἔληγε τὸ ὃν μένος). Τ 423 οὐ λήξω πρὶν Τρῶας ἄδην ἐλάσαι πολέμοιο und vom comp. ἀπολήγω Υ 99 καὶ δ' ἄλλως τοῦ γ' ἰθὺ βέλος πέτετ', οὐδ' ἀπολήγει πρὶν χροὸς ἀνδρομέοιο διελθέμεν.

Als rein zeitlicher Begriff und Gegensatz zu ἄρχομαι „beginne" steht λήγω bei Homer nur einmal in einem entschieden jüngeren Teil: Ι 97 ἐν σοὶ μὲν λήξω, σέο δ' ἄρξομαι „bei dir will ich endigen, von dir beginnen". So dann öfter: Hes. Th. 48 ἀρχόμεναι — λήγουσαί τ' ἀοιδῆς. Op. 368 ἀρχομένου δὲ πίθου καὶ λήγοντος κορέσασθαι. hymn. 33, 18 ἀρχόμενοι λήγοντές τ'.

λόφος

„Nacken" (so Κ 573 κνήμας τε ἰδὲ λόφον ἀμφί τε μηρούς), häufiger von dem aus dem Nackenhaar der Pferde gemachten Helmbusch, findet sich in der übertragenen Bedeutung „Bergrücken, Hügel" noch nicht in der Ilias; in der Odyssee λ 596 λᾶαν ἄνω ὤθεσκε ποτὶ λόφον. π 471 Ἕρμαιος λόφος; dann h. Ap. 520 ἀκμῆτοι δὲ λόφον προσέβαν ποσίν, bei Pindar öfter: O. 5, 17. 8, 17 Κρόνου λόφῳ. P. 5, 37. 9, 91. N. 5, 46 (dazu die comp. ἀργίλοφος fr. 200 und ὑψίλοφος O. 13, 111). In Prosa ist in diesem Sinn neben λόφος auch γηώλοφος oder γήλοφος üblich.

λύω

in der metaphorischen Bedeutung „bezahle", d. h. „löse eine Schuld" — man vergl. das lat. solvo — ist dem Homer noch fremd; Hesiod hat bereits λύσις in der Bedeutung „Bezahlung, Abtragung von Schulden": Op. 404 φράζεσθαι χρειῶν τε λύσιν λιμοῦ τ' ἀλεωρήν. Pindar gebraucht λύειν so, aber mit neuer Übertragung P. 4, 155 τὰ μὲν (nämlich die Königsherrschaft) — λῦσον ἄμμιν („gib uns heraus, erstatte uns zurück").

μακρός

auf Zeitbestimmungen übertragen findet sich noch nicht in der Ilias, in der Odyssee an folgenden Stellen: κ 470 περὶ δ' ἤματα μακρὰ τελέσθη. λ 373 νὺξ δ' ἥδε μάλα μακρή, ἀθέσφατος. σ 367 = χ 301 ὅτε τ' ἤματα μακρὰ πέλονται. ψ 54 νῦν δ' ἤδη τόδε μακρὸν ἐέλδωρ ἐκτετέλεσται. μήκιστα adv. „zuletzt" ε 299 und 465 [1]).

Von da an ganz gewöhnlich, so Hes. Op. 560 μακραὶ εὐφρόναι. fr. 172 μακρὸν — αἰῶνα βίοιο. Ibyc. fr. 3 διὰ νύκτα μακράν.

μαραίνω

heisst ursprünglich nicht, wie Curtius GZ.[5] S. 331 angibt, „lasse verwelken", sondern „lasse verlöschen, ausgehen"; μαραίνεσθαι wird demgemäss eigentlich vom Feuer gesagt, das aus Mangel an Brennstoff, nicht durch äussere Einflüsse erlischt, im Gegensatz zu σβέννυσθαι, das ein Erlöschen durch äussere Ursachen bezeichnet (vgl. Schmidt, Synonymik

---

[1]) Auch das synonyme δολιχός kommt erst in jüngeren Teilen der homerischen Gedichte in Übertragung auf Zeitbestimmungen vor. So in der Dolonoia K 52 δηθά τε καὶ δολιχόν — K 51 und 52 aber wurden ausserdem bereits von Aristophanes und Aristarch verworfen, aus anderen Gründen und ὅτι ἐπὶ ταὐτὸν φέρει δηθά καὶ δολιχόν —, ferner in der Odyssee λ 172 δολιχὴ νοῦσος. ψ 243 νύκτα μὲν ἐν περάτῃ δολιχὴν σχίθεν.

IV 88 f. Handbuch S. 387). Das ergibt sich aus den Homerstellen *Ι* 212 αὐτὰρ ἐπεὶ κατὰ πῦρ ἐκάη καὶ φλὸξ ἐμαράνθη. *Ψ* 228 τῆμος πυρκαϊὴ ἐμαραίνετο, παύσατο δὲ φλόξ, wozu noch h. Merc. 140 ἀνθρακιὴν δ' ἐμάρανε („liess verglimmen"), κόνιν δ' ἀμάθυνε μέλαιναν kommt.
Metaphorisch gebraucht das Verbum zuerst Aeschylus, und zwar von der völligen Erschöpfung des Körpers Eum. 139 ἕπου, μάραινε δευτέροις διώγμασιν, im bes. durch zehrende Krankheit Pr. 623 νόσον ὠνόμασας, ἃ μαραίνει με, ferner vom Vertrocknen von Flüssigkeiten Eum. 280 βρίζει γὰρ αἷμα καὶ μαραίνεται χερός.
Letztere Übertragung — vom Feuer aufs Wasser oder andere Flüssigkeiten — ist durchaus nicht dichterische Kühnheit, sondern, so sehr sie unserem Sprachgefühl auffällt, in allgemeinem Gebrauch gewesen; vergl. z. B. Hdt. II 24 τὰ ἐγχώρια ῥεύματα μαραίνεσθαι τῶν ποταμῶν. Dass der Grieche hier anders empfand als wir, beweist auch die Thatsache, das σβέννυσθαι ebenfalls vom Austrocknen flüssiger Gegenstände gebraucht wurde, so Hes. Op. 590 γάλα τ' αἰγῶν σβεννυμενάων von Ziegen, die nicht mehr säugen, deren Milch ärmer an wässerigen Bestandteilen ist (vgl. Sittl z. d. St.). So erklären sich auch die Stellen Aesch. Ag. 879 κλαυμάτων ἐπίσσυτοι πηγαὶ κατεσβήκασιν und 949 ἔστιν θάλασσα, τίς δέ νιν κατασβέσει; wo wir leicht geneigt sind, eine echt aeschyleische Kühnheit des Ausdrucks anzunehmen.

μαστός

(homerisch μαζός) „Brustwarze" wird häufig metaphorisch für „Hügel" gebraucht, so zuerst von Pindar P. 4, 8 ἐν ἀργινάεντι μαστῷ.

μέσος

gebraucht Homer metaphorisch nur von der Zeit (*Φ* 111 η 288 μέσον ἦμαρ) und in der Redensart ἐς μέσον („unparteiisch", ἀργυρέοισι δικάσσατε, μηδ' ἐπ' ἀρωγῇ *Ψ* 574.

Nach ihm wird es neben der ersteren Übertragung (Il. parva fr. 11 νὺξ μὲν ἔην μέσση. Sapph. fr. 52 μέσαι δὲ νύκτες u. ö.) häufig von Mittelzuständen jeder Art, besonders im Sinne der aurea mediocritas gebraucht, bald als einfache Metapher, bald in ausgeführteren Bildern. So hat Homer einmal μεσήεις Μ 269 Ἀργείων ὅς τ᾽ ἔξοχος ὅς τε μεσήεις ὅς τε χερειότερος. μέσος steht so zuerst Hes. fr. 179 ἔργα νέων, βουλαὶ δὲ μέσων, εὐχαὶ δὲ γερόντων, dann Phocyl. fr. 12 πολλὰ μέσοισιν ἄριστα· μέσος θέλω ἐν πόλει εἶναι, öfters, wie natürlich, in der didaktischen Poesie des Theognis: v. 220 μέσσην δ᾽ ἔρχευ τὴν ὁδόν, ὥσπερ ἐγώ, ähnlich 331. 335 μηδὲν ἄγαν σπεύδειν· πάντων μέσ᾽ ἄριστα. 839 δισσαί τοι πόσιος κῆρες δειλοῖσι βροτοῖσι, δίψα τε λυσιμελὴς καὶ μέθυσις χαλεπή· τούτων δ᾽ ἂν τὸ μέσον στρωφήσομαι..., bei Pratinas fr. 5 μήτε σύντονον δίωκε, μήτε τὰν ἀνειμέναν Ἰαστὶ μοῦσαν, ἀλλὰ τὰν μέσαν νεῶν ἄρουραν αἰόλιζε τῷ μέλει, bei Pindar P. 11, 53 τῶν γὰρ ἂμ πόλιν εὑρίσκων τὰ μέσα μάσσονι σὺν ὄλβῳ τεθαλότα, μέμφομ᾽ αἶσαν τυραννίδων und bei Aeschylus Eum. 532 μήτ᾽ ἄναρχον βίον μήτε δεσποτούμενον αἰνέσῃς. παντὶ μέσῳ τὸ κράτος θεὸς ὤπασεν.

μέτρον

kennt schon Homer in Übertragung (ἥβης μέτρον Λ 225 u. ö.) und nach ihm Hesiod (z. B. Op. 694 μέτρα φυλάσσεσθαι), Theognis (z. B. v. 614 οἱ δ᾽ ἀγαθοὶ πάντων μέτρον ἴσασιν ἔχειν) u. a.; in der übertragenen Bedeutung „Versmass" finden wir es nicht vor Epicharm v. 220 Mull. „wenn jemand meine Gedichte in ein anderes prunkvolleres Versmass einkleidet (καὶ λαβών τις αὐτὰ περιδύσας τὸ μέτρον, ὃ νῦν ἔχει, εἷμα δοὺς καὶ πορφύραν) und sie mit schönen Worten ausschmückt, so wird er damit alle übertreffen".

μιαίνω

bedeutet bei Homer „färbe, beflecke", noch ohne Nebenvorstellung von Frevel oder Schande: Δ 141. 146 ὡς δ᾽ ὅτε τίς τ' ἐλέφαντα γυνὴ φοίνικι μιήνῃ (Elfenbein mit Purpur färbt), — τοῖοί τοι, Μενέλαε, μιάνθην αἵματι μηροί. Η 795 μιάνθησαν δὲ ἔθειραι αἵματι καὶ κονίῃσι. 797 ἱππόκομον πήληκα μιαίνεσθαι κονίῃσιν. Ρ 439 θαλερή δ' ἐμιαίνετο χαίτη (von Thränen). Ψ 732 ἐπὶ δὲ χθονὶ κάππεσον ἄμφω —, μιάνθησαν δὲ κονίῃ.

Nach Homer erhält das Wort immer mehr einen sittlichen Beigeschmack, da es mit Vorliebe von der Befleckung durch sündhaft vergossenes Blut gebraucht wurde. So bei Aeschylus Ag. 219 μιαίνων παρθενοσφάγοισιν ῥεέθροις πατρῴους χέρας. Ch. 858 μιανθεῖσαι πειραὶ κοπάνων, während es noch in der homerischen Weise gebraucht wird Eum. 698 κακαῖς ἐπιρροαῖσι βορβόρῳ θ' ὕδωρ λαμπρὸν μιαίνων οὔποθ' εὑρήσεις ποτόν.

Aus dieser Einschränkung der ursprünglich sittlich indifferenten Grundbedeutung von μιαίνω entwickelt sich die Übertragung auf Entweihung und Entehrung durch Sünde und Schande überhaupt. Wir finden sie zuerst bei Solon fr. 32, 3 μιάνας καὶ καταισχύνας κλέος, dann bei Pindar N. 3, 16 ἀλκὰν οὐκ ἐλεγχέεσσιν — ἐμίανε (das comp. καταμιαίνω P. 4, 100 ἐχθίστοισι μὴ ψεύδεσιν καταμιάναις εἰπὲ γένναν) und bei Aeschylus Ag. 642 εὔφημον ἦμαρ οὐ πρέπει κακαγγέλῳ γλώσσῃ μιαίνειν. 1669 μιαίνων τὴν δίκην. Sept. 331 μιαίνων εὐσέβειαν Ἄρης. Suppl. 231 ἐχθρῶν ὁμαίμων καὶ μιαινόντων γένος. (659 ist μιαίνοντα entschieden verderbt; Weil ἰαίνοιτο).

Bei Aeschylus tritt auch μίασμα auf, meist gebraucht von Befleckung mit Blut, die an dem Thäter und an dem Lande haftet (Eum. 281 μητροκτόνον μίασμα δ' ἔκπλυτον πέλει. Ag. 1645 ἀλλά νιν γυνὴ χώρας μίασμα καὶ θεῶν ἐγχωρίων ἔκτειν'), doch auch metaphorisch von Entweihung überhaupt (Suppl. 482. 627). So ist μιάστωρ bei ihm der Schuldbefleckte (eigentlich der Beflecker) Ch. 943; Eum. 178 παντρόπαιος (= ἐναγής) ὢν δ' ἕτερον ἐν κάρᾳ μιάστωρ — πάσεται ist es der Rächer, weil er die Strafe durch neuen Mord übt.

μιαρός.

Wie μιαίνω hat auch μιαρός bei Homer noch ganz die sinnliche Grundbedeutung ohne sittlichen Nebenbegriff: Ω 420 θηοῖό κεν αὐτὸς ἐπελθών, οἷον ἑερσήεις κεῖται, περὶ δ᾽ αἷμα νένιπται, οὐδέ ποθι μιαρός („schmutzig"). So auch bei Heraklit fr. 88 θάλασσα ὕδωρ καθαρώτατον καὶ μιαρώτατον. Viel gebräuchlicher ist die von der moralisch eingeschränkten sinnlichen Bedeutung ausgehende Übertragung „schuldbefleckt, verbrecherisch", die oft sehr abgeschwächt erscheint; so gleich in der ersten Belegstelle bei Alkaios fr. 39, 6 νῦν δὲ γυναῖκες μιαρώταται, λεπτοὶ δ᾽ ἄνδρες (nach Hes. Op. 586 μαχλόταται δὲ γυναῖκες, ἀφαυρότατοι δέ τε ἄνδρες).

νωμάω

bedeutet als verstärktes νέμω „verteile hin und her, teile geschäftig zu". Diese Grundbedeutung findet sich ausser der alten Formel νώμησαν δ᾽ ἄρα πᾶσιν ... (Α 471. Ι 176. γ 340. φ 272. νώμησεν η 183. ν 54. σ 425) nur noch einmal bei Homer: υ 252 σπλάγχνα δ᾽ ἄρ᾽ ὀπτήσαντες ἐνώμων, scheint also schon bei ihm im Absterben begriffen zu sein.

„Im weiteren Verlaufe der Bedeutungsentwicklung des Wortes aber schliff sich ein semasiologisches Moment ab, welches in den wichtigsten Verwandten desselben gerade zu hervorragender Geltung gelangte, ich meine die Beziehung der durch das Wort bezeichneten Bewegung auf bestimmte Ziele hin; aus 'hin und her zuwenden' wurde 'hin und her wenden'" (Fulda, Untersuchungen über die Sprache der hom. Ged. S. 300). Diese jüngere Bedeutung ist schon bei Homer die häufigere; sie findet sich 14 mal (z. B. Ε 594 Ἄρης δ᾽ ἐν παλάμῃσι πελώριον ἔγχος ἐνώμα. φ 245 τόξον μετὰ χερσὶν ἐνώμα θάλλον ἔνθα καὶ ἔνθα σέλαι πυρός. x 32 αἰεὶ γὰρ πόδα νηὸς ἐνώμων), nicht eingerechnet die Fälle der von ihr ausgehenden Übertragung auf den Geist ν 255 αἰὲν ἐνὶ στήθεσσι νόον πολυκερδέα νωμῶν. σ 216 ἐνὶ φρεσὶ κέρδε' ἐνώμας (x. „kluge Gedanken"). v 257 κέρδεα νωμῶν.

Die Grundbedeutung „verteilen" kommt nach Homer, so weit ich sehe, nur noch vor in der künstlich gemachten Sprache eines Pindar (N. 9, 51 ἀργυρέαισι δὲ νωμάτω φιάλαισι βιατὰν ἀμπέλου παῖδ') und Antimachos (Theb. fr. 6, 14 Kink. νώμησαν δὲ δέπαστρα θοῶς βασιλεῦσιν Ἀχαιῶν· fr. 20 πᾶσιν δ' ἡγεμόνεσσιν ἐποιχόμενοι κήρυκες χρύσεα καλὰ κύπελλα τετυγμένα νωμήσαντο); in der lebendigen Sprache ist sie der jüngeren Bedeutung „hin und her bewegen, schwingen" (bes. von Waffen), „lenken" (bes. vom Steuerruder) gewichen.

Diese findet sich ausser der erwähnten einen Stelle sonst immer bei Pindar P. 8, 47 δράκοντα ποικίλον — ἐπ' ἀσπίδος νωμῶντα. 4, 18 ἀνία τ' ἀντ' ἐρετμῶν δίφρους τε νωμάσοισιν. J. 1, 15 ἀνία τ' ἀλλοτρίαις οὐ χερσὶ νωμάσαντ'. fr. 111 νωμῶν τραχὺ ῥόπαλον. P. 1, 86 νώμα δικαίῳ πηδαλίῳ στρατόν (Bild vom Schiff entlehnt), bei Aeschylus Pers. 324 δόρυ νωμῶν. Ch. 163 νωμῶν βέλη. 284 ὁρῶντα λαμπρὸν ἐν σκότῳ νωμῶντ' ὀφρύν. Sept. 3 οἴακα νωμῶν. 529 ἐν χαλκηλάτῳ σάκει — Σφίγγ' ὠμόσιτον προσμεμηχανημένην γόμφοις ἐνώμα. Daher νωμᾶσθαι „sich schwingen" bei Bakchylides fr. 47 (der Adler) νωμᾶται δ' ἐν ἀτρυγέτῳ χάει.

Interessant ist hier wieder, dass ein comp. von νωμᾶν dessen Grundbedeutung „verteilen" noch beibehalten hat; es ist ἐπινωμᾶν. Aesch. Sept. 714 ξένοις δὲ κλήρους ἐπινωμᾷ. Eum. 311 λέξαι τε λάχη τὰ κατ' ἀνθρώπους ὡς ἐπινωμᾷ στάσις ἀρά. Ag. 773 πᾶν δ' ἐπὶ τέρμα νωμᾷ (scil. δίκα). Hier ist eben jene Beziehung auf ein Ziel, die bei dem simplex so früh sich abschliff, eigens noch durch die Präposition ἐπί ausgedrückt und auf diese Weise erhalten geblieben.

Die homerischen Fälle der geistigen Übertragung von νωμᾶν zeigen noch ein deutliches Bewusstsein der sinnlichen Bedeutung „hin und her bewegen"; später jedoch schwächt sich dasselbe so ab, dass νωμᾶν einfach „wahrnehmen, beobachten" bedeuten kann. Platon sagt geradezu τὸ γὰρ νωμᾶν καὶ τὸ σκοπεῖν ταὐτόν (Crat. 411 D). Als Zwischenglieder des Bedeutungsübergangs sind „erwägen, denkend beobachten" anzusetzen. Auf der letzten Stufe der Bedeutungsentwicklung finden wir das Wort bereits in einer Stelle des hesiodeischen „Schildes" v. 462:

μηρὸν γυμνωθέντα σάκευς ὕπο δαιδαλέοιο
οὔτασ' ἐπικρατέως · διὰ δὲ μέγα σαρκὸς ἄραξε
δούρατι νωμήσας, ἐπὶ δὲ χθονὶ κάββαλε μέσσῃ.

νωμήσας kann natürlich nicht mit δούρατι verbunden werden; es steht absolut: „nachdem er bemerkt hatte" (die unbewehrte Stelle). In diesem Sinn steht νωμᾶν auch Hdt. IV 128 νωμῶντες ὧν σῖτα ἀναιρεομένους τοὺς Δαρείου ἐποίεεν τὰ βεβουλευμένα; von einem Hinundherbewegen im Geiste ist hier keine Rede mehr. Wieder näher der sinnlichen Bedeutung steht Aesch. Sept. 25 ἐν ὠσὶ νωμῶν καὶ φρεσὶν — χρηστηρίους ὄρνιθας ἀψευδεῖ τέχνῃ; gemeint ist der blinde Seher Teiresias, der die Stimmen der Vögel mit dem Gehör und dem Geiste sich zurechtlegt.

Eine wahre crux interpretum ist νωμάω an einer Stelle des Hymnus auf Demeter (v. 374). Hades entlässt auf Befehl des Zeus die von ihm geraubte Persephone wieder zu ihrer Mutter, gibt ihr jedoch vorher einen Granatapfelkern zu essen, damit sie nicht für immer oben bei dieser bleibe:

ῥοιῆς κόκκον ἔδωκε φαγεῖν μελιηδέα λάθρῃ,
ἀμφὶ ἓ νωμήσας, ἵνα μὴ μένοι ἤματα πάντα
αὖθι παρ' αἰδοίῃ Δημήτερι κυανοπέπλῳ.

Über verschiedene Auffassungen berichtet Franke (zitiert von Baumeister): „Haec verba Ilgenius (hoc animo secum volvens), Matthias (circumspiciens), Vossius (dum eam prope se traheret) aliique ita explicarunt, ut graecae linguae usui aperte vim intulerint. Hermannus, qui olim ἀμφὶς νωμήσας (seorsim tribuens, sc. a Mercurio, scribendum esse coniecerat, mutata sententia codicis scripturam recte se habere me docuit. Secto, inquit, in duas partes grano, unam partem dedit Proserpinae". Was die letzte Erklärung betrifft, so kann ich nicht sehen, dass dieselbe von der handschriftlichen Lesart ausgeht, indem sie ἀμφὶ ἓ völlig unberücksichtigt lässt.

Es muss ein Irrtum vorliegen; auch Hermanns letzte Erklärung beruht auf seiner Konjektur ἀμφίς, wie denn Baumeister ihr offenbar zustimmend erklärt: „Neque minus ἀμφίς propriam retinet vim divisim, ut in ἀμφὶς ἔεργειν segregare, ἀμφὶς νωμᾶν distribuere", freilich trotzdem im Text ἀμφί ἑ stehen lässt. Wenn nun auch ἀμφὶς νωμήσας heissen könnte „nachdem er ihn zerteilt hatte", so ist doch die Auffassung, dass der Kern geteilt worden sei, und Hades die andere Hälfte genossen habe, ganz willkürlich; es heisst einfach ῥοιῆς κόκκον ἔδωκε φαγεῖν, und das kann nicht nachträglich korrigiert werden; auch weiss Persephones eigne Erzählung (406 ff.) davon nichts: αὐτὰρ ὅγ' αὐτὸς ἔμβαλέ μοι ῥοιῆς κόκκον (413).

Vorher hatte Hermann in seiner Ausgabe erklärt „seorsim tribuens, sc. a Mercurio" und der neueste Herausgeber, Gemoll, stimmt ihm bei, nimmt natürlich auch in seinen Text die Konjektur ἀμφίς auf. Gewiss hat ἀμφίς die Bedeutung „abseits, entfernt von" (vgl. die schöne Entwicklung derselben bei Buttmann, Lexil. II 217 ff.); dass aber νωμᾶν vom Überreichen an eine Person gesagt werden konnte, ist nicht denkbar. Gerade der Begriff des Hinundherbewegens ist von Anfang an, wie wir gesehen haben, in dem Worte so mächtig, dass er bald der allein darin herrschende wird: das Dativobjekt bei νωμᾶν konnte nur ein Pluralbegriff sein.

Doch sehen wir ab von Hermanns Konjektur und prüfen die Erklärungen, die von der handschriftlichen Lesart ἀμφί ἑ ausgehen. Matthias übersetzte circumspiciens (um sich blickend, jedenfalls um unbeobachtet zu sein); einfach „blicken, schauen" kann aber νωμᾶν nicht heissen, höchstens „bemerken, beobachten". Voss erklärte „sie an sich ziehend"; denken wir uns aber Persephone als Objekt zu νωμήσας, so kann der Ausdruck nur heissen „sie um sich herum schwingend", was hier sinnlos ist. Ilgen erklärte hoc animo secum volvens, und Gemoll sagt: „ἀμφί ἑ νωμήσας könnte nur heissen: bei sich bedenkend". νωμᾶν kann allerdings heissen „im Geiste bewegen, erwägen, bedenken"; wie aber ἀμφί zu dieser Bedeutung kommen soll, ist schwer einzusehen; sie lässt sich auch, soviel ich sehe, nicht belegen.

Ἀμφὶ ἓ νωμήσας kann vielmehr nur heissen „an sich denkend, um sich besorgt". ἀμφί im Sinne des lat. de bei verbis sentiendi und declarandi kennt schon Homer, besonders in der Odyssee, aber mit dem Dativ verbunden (z. B. *Il* 647 πολλὰ μάλ᾽ ἀμφὶ φόνῳ Πατρόκλου μερμηρίζων. δ 151 ἀμφ᾽ Ὀδυσῆι μυθεόμην, ὅσα κεῖνος — ἐμόγησεν. ε 287 μετεβούλευσαν θεοὶ ἄλλως ἀμφ᾽ Ὀδυσῆι), einmal auch mit dem Genitiv (θ 267 ἀείδειν ἀμφ᾽ Ἄρεος φιλότητος); in diesem Sinn mit dem Akkusativ verbunden findet es sich nach Homer oft, z. B. im Hymnus auf Hermes v. 57 ἄειδεν — ἀμφὶ Δία Κρονίδην, am Anfang der Hymnen 6, 18, 21, 32, bei Terpander fr. 2 ἀμφί μοι αὖτε ἄναχθ᾽ ἑκαταβόλον ἀειδέτω φρήν, bei Aeschylus Suppl. 252 εἴρηκας ἀμφὶ κόσμον ἀψευδῆ λόγον. Sept. 828 μέριμνα δ᾽ ἀμφὶ πτόλιν.

In den Zusammenhang passt die Stelle, so aufgefasst, vortrefflich: Hades erfüllt den Wunsch der Persephone, den Befehl des Zeus; er denkt aber auch an sich und sichert sich die Rückkehr seiner Gattin.

ξένος

(ep. ξεῖνος) als Adjektiv in der übertragenen Bedeutung „befremdend, unerhört" findet sich erst bei Aeschylus Pr. 715 οὔποτ᾽ ηὔχουν ξένους μολεῖσθαι λόγους ἐς ἀκοὰν ἐμάν, wo man vor ξένους den Begriff „so" vermisst.

ὁδός

kennen Homer und Hesiod nur in der eigentlichen Bedeutung „Weg"; später ist es auch übertragen sehr gebräuchlich für „Mittel, um etwas auszurichten oder zu erreichen". Von Pindar, der das Wort auch zu manchen poetisch-individuellen Metaphern gebraucht, gehört hieher O. 8, 13 πολλαὶ δ᾽ ὁδοὶ σὺν θεοῖς εὐπραγίας, von Bakchylides fr. 19, 1 εἷς ὅρος, μία δὲ βροτοῖς ἐστιν εὐτυχίας ὁδός.

Im Sinn von μέθοδος, von dem Verfahren bei wissenschaftlicher Forschung, kommt ὁδός zuerst vor bei Parmenides v. 34 αἵπερ ὁδοὶ μοῦναι διζήσιός εἰσι νοῆσαι (cf. 36 κέλευθος, 38 ἄταρπον). 45. 53. 57. 74.

ὀρθός

findet sich bei Homer und Hesiod nur in der eigentlichen Bedeutung „gerade, aufrecht" (z. B. Σ 246 ὀρθῶν δ' ἑσταότων ἀγορὴ γένετ'. Hes. Sc. 391 ὀρθὰς δ' ἐν λοφιῇ φρίσσει τρίχας).

Ὀρθός hat zu seinem Gegensatz einerseits das Krumme und Schiefe, andrerseits das am Boden Liegende[1]). Dem entsprechend spaltet es sich übertragen in die zwei Bedeutungen „richtig, gerecht, wahrhaftig" (vgl. εὐθύς) und „unversehrt, kräftig dastehend".

1) Wie erstere entsteht, kann das vollere Bild bei Theognis 945 zeigen:

εἶμι παρὰ στάθμην ὀρθὴν ὁδόν, οὐδετέρωσε
κλινόμενος· χρὴ γάρ μ' ἄρτια πάντα νοεῖν.

Pindar liebt diese Übertragung; wir greifen einige Fälle heraus, die sich nicht wesentlich vom gewöhnlichen Sprachgebrauch entfernen: O. 2, 83 βουλαῖς ἐν ὀρθαῖσι Ῥαδαμάνθυος. 6, 90 ἄγγελος ὀρθός. 7, 91 ὀρθαὶ φρένες. 8, 24 ὀρθᾷ διακρῖναι φρενί, dazu die comp. ὀρθόβουλος P. 4, 262. 8, 75. ὀρθοδίκας P. 11, 9. ὀρθόμαντις N. 1, 61. Auch Aeschylus hat sie Eum. 319 μάρτυρες ὀρθαί, dazu 8 mal das Adverb ὀρθῶς, z. B. Sept. 392 ὀρθῶς ἐνδίκως τ'. Ch. 524 ὦστ' ὀρθῶς φράσαι. Pr. 1032 ὀρθῶς φρονεῖν, ferner die comp. ὀρθόβουλος Pr. 18. ὀρθοδίκαιος Eum. 995.

---

1) Dass ὀρθός nicht nur „aufrecht", d. h. „vertikal gerade", bedeutete, sondern auch, wenngleich seltener, „horizontal gerade", sehen wir aus Pind. P. 4, 227 ὀρθὰς δ' αὔλακας („Furchen") ἐντανύσαις ἔλαυν'. Aesch. fr. 205 Ἄγριος δ' Ἀπόλλων ὀρθὸν ἰθύνοι βέλος.

ὀρθομαντεία Ag. 1244. ὀρθονόμος („gerecht verteilend") Eum. 964. ὀρθώνυμος („mit Recht so genannt") Ag. 702.

2) Indem in ὀρθός der Gegensatz zu dem Darniederliegenden betont ist — ein gutes Beispiel hiefür ist Pind. P. 3, 53, wo es von Asklepios als Chirurgen heisst: τοὺς δὲ τομαῖς ἔστασεν ὀρθούς, er brachte sie durch Operationen vom Krankenlager wieder auf die Beine, ferner Thuc. V 46 Πάνακτόν τε ὀρθὸν („unzerstört") ἀποδιδόναι —, kann es übertragen auch heissen „unversehrt, in voller Kraft, in guten Umständen". So Theogn. 304 οὐ χρὴ κιγκλίζειν ἀγαθὸν βίον, ἀλλ' ἀτρεμίζειν, τὸν δὲ κακὸν κινεῖν, ἔστ' ἂν ἐς ὀρθὰ βάλῃς (so mit Sylburg für λάβῃς) und Pind. P. 3, 96 ἐκ προτέρων μεταμειψάμενοι καμάτων ἔστασαν ὀρθὰν καρδίαν. N. 11, 5 ὀρθὰν φυλάσσοισιν Τένεδον. P. 6, 19 ὀρθὰν ἄγεις ἐφημοσύναν („erhältst aufrecht, beachtest" Mezger), dazu das comp. ὀρθόπολις O. 2. 8; ausgeführter ist das Bild J. 6, 12 Δωρίδ' ἀποικίαν οὕνεκεν ὀρθῷ ἔστασας ἐπὶ σφυρῷ.

ὀρθόω

kommt bei Homer nur im eigentlichen Sinn vor (z. B. H 272 τὸν δ' αἶψ' ὤρθωσεν Ἀπόλλων). Übertragen hat es nach Analogie von ὀρθός zwei Hauptbedeutungen:

1) „richtig, wahr machen": so Theogn. 760 Ἀπόλλων ὀρθώσαι γλῶσσαν καὶ νόον ἡμέτερον. Aesch. Suppl. 926 καὶ πολλ' ἁμαρτὼν οἰδὲν ὤρθωσας φρενί. Ag. 1476 νῦν δ' ὤρθωσας στόματος γνώμην. Ch. 769 ἐν ἀγγέλῳ γὰρ κρυπτὸς ὀρθοῦται λόγος (vgl. Wecklein). Hieher gehört auch κατορθόω Simon. C. fr. 82 μηδὲν ἁμαρτεῖν ἔστι θεοῦ καὶ πάντα κατορθοῦν (Gegensatz wie Suppl. 926) und διορθόω Pind. O. 7, 21 διορθῶσαι λόγον.

2) „aufrecht, unversehrt erhalten, aufrichten, in die Höhe bringen": so Archiloch. fr. 56, 2 τοῖς θεοῖς τίθει τὰ πάντα · πολλάκις μὲν ἐκ κακῶν ἄνδρας ὀρθοῦσιν μελαίνῃ κειμένους ἐπὶ χθονί; ganz ähnlich Aesch. Sept. 215 θεοῦ δ' ἔτ' ἰσχὺς καθυπερτέρα · πολλάκι δ' ἐν κακοῖσιν τὸν ἀμήχανον κἀκ χαλεπᾶς δύας - ὀρθοῖ. Eum. 754 οἶκον ψῆ-

γος ὤρθωσεν μία. 775 ὀρθουμένων δέ scil. τῶν ὀρκωμάτων „wenn die Eide gehalten werden", vgl. Pind. P. 6, 19 ὀρθὰν ἄγεις ἐφημοσύναν. 898 τῷ γὰρ σέβοντι συμφοράς ὀρθώσομεν. Suppl. 681 Ζῆνα —, ὃς πολιῷ νόμῳ αἶσαν ὀρθοῖ. Ch. 582 ξιφηφόρους ἀγῶνας ὀρθώσοντί μοι (so mit Pearson für ὀρθώσαντι; „dem, der mir den Kampf zum Glück hinausführen wird"). Ch. 510 ἐπειδὴ δρᾶν κατώρθωσαι φρενί (aufgerichtet, bereit bist).

Von Pindar ist anzuführen J. 4, 48 πόλις Αἴαντος ὀρθωθεῖσα („unversehrt erhalten") ναύταις — Σαλαμίς. N. 1, 15 Σικελίαν πίειραν ὀρθώσειν κορυφαῖς πολίων ἀφνεαῖς. J. 5, 65 ὀρθώσαντες οἶκον. J. 3, 56 πᾶσαν ὀρθώσαις („erhebend, verherrlichend") ἀρετάν. P. 4, 60 σὲ δ᾽ ἐν τούτῳ λόγῳ χρησμὸς ὤρθωσεν. J. 1, 46 ξυνὸν ὀρθῶσαι καλόν; ferner das subst. ὀρθωτήρ P. 1, 56 οὕτω δ᾽ Ἱέρωνι θεὸς ὀρθωτὴρ πέλοι.

πιέζω

kommt bei Homer und Hesiod nur in der eigentlichen Bedeutung „drücke" vor (z. B. μ 196 πλείοσί μ᾽ ἐν δεσμοῖσι δέον μᾶλλόν τε πίεζον. Hes. Op. 497 λεπτῇ δὲ παχὺν πόδα χειρὶ πιέζῃς). Die später sehr geläufige metaphorische Bedeutung „quäle, bedränge" finden wir zuerst bei Solon fr. 13, 37 χρήσεις μὲν νούσοισιν ὑπ᾽ ἀργαλέῃσι πιεσθῇ. fr. 6 lautet nach Plut. comp. Sol. et Popl. 2 so:

δῆμος δ᾽ ὧδ᾽ ἂν ἄριστα σὺν ἡγεμόνεσσιν ἕποιτο,
μήτε λίην ἀνεθεὶς μήτε πιεζόμενος,

während das Zitat in der neugefundenen Ἀθ. πολ. des Aristoteles (p. 29 Kenyon) βιαζόμενος gibt, was nach der Ansicht des Herausgebers den Vorzug verdient; in der That bietet ja diese Schrift für die solonischen Fragmente im ganzen einen besseren Text, als unsere bisherigen Gewährsmänner.

Weitere Beispiele dieser Übertragung sind Pind. N. 1, 53 τὰ γὰρ οἴκοθεν πιέζει πάνθ᾽ ὁμῶς· εὐθὺς δ᾽ ἀπήμων κραδία κᾶδος ἀμφ᾽ ἀλλότριον. Aesch. Ch. 249 τοὺς δ᾽

ἀπωρφανισμένους νῆστις πιέζει λιμός. 300 καὶ πρὸς πιέζει
χρημάτων ἀχηνία.

πικρός.

Buttmann (im Lexil. I 16 ff.) hat zuerst, indem er das
Wort mit πεύκη, πευκεδανός, ἐχεπευκής zusammenstellte,
darauf hingewiesen, dass seine ursprüngliche Bedeutung „spitz,
scharf" sei, eine Bedeutung, die übrigens auch aus dem
homerischen Sprachgebrauch allein, wenn man ihn unbefangen,
d. h. ohne Rücksicht auf die Späteren betrachtet, mit
Sicherheit sich ergibt.

Da finden wir zunächst elfmal (in der Ilias zehnmal, in
der Odyssee einmal) den formelhaften Ausdruck πικρὸς
ὀϊστός (Λ 217. E 99. 278. N 587. 592. Ψ 867) bezw. πικρὸν
ὀϊστόν (Λ 118. 134. E 110. Θ 323. χ 8), und zwar immer
am Schluss des Verses, für uns ein Umstand von Bedeutung:
denn an dieser Stelle, wo sie am meisten ins Ohr
fielen und zugleich bequeme Füllstücke des Verses darstellten,
konnten sich alte Formeln am längsten erhalten [1]).

---

1) Eine Reihe gewiss schon zu Homers Zeit altertümlicher, für
uns teilweise schwer verständlicher formelhafter Ausdrücke ist nur am
Versende erhalten. So νυκτὸς ἀμολγῷ, φρένες ἀμφιμέλαιναι bezw.
φρένας ἀμφιμελαίνας, ὄρχαμε λαῶν, ὄρχαμος (bezw. ὄρχαμον) ἀνδρῶν,
ἕλε γαῖαν ἀγοστῷ, τερπικέραυνος als Beiwort des Zeus (14 mal
Versschluss, nur v 75 nicht), νεφεληγερέτα Ζεύς bezw. Διὸς νεφεληγερέταο,
ἀργεϊφόντης als Beiwort des Hermes, νώροπα χαλκόν bezw.
νώροπι χαλκῷ, θεῶν ἐν γούνασι κεῖται, das vielgedeutete ἐγχεσίμωροι
(- ρων, - ρους), σθένει βλεμεαίνων, κύδεϊ γαίων, das sehr häufige
Heldenwort ὄζος (ὄζον) Ἄρηος (auch bei Hesiod immer Versschluss),
das gewöhnlich unrichtig „Sprössling des Ares" erklärt wird; es
steht nie von Söhnen des Ares, also wäre der Ausdruck doppelt
metaphorisch: ὄζος stünde für „Sohn" und „Sohn" für „Zögling",
aber beide Übertragungen sind unhomerisch; ὄζος ist vielmehr, wie
Volckmar im Philol. IX 587 unter Anführung von Hesych. ὀζεία ·
θεραπεία bemerkt, = ὄζος „Diener"; man vgl. den Ausdruck
θεράποντες Ἄρηος. Schon oben S. 16 ist erwähnt μάστιγι κέλευεν.
Von sonstigen beliebten Formeln, die nur als Versschluss vorkommen,
erwähne ich noch das häufige, gewiss sehr alte ποιμένι

Solche alte Formeln sind aber für die Sprachforschung von hohem Wert, da sie uns Blicke in das Gebiet vorhomerischer Sprache und Epik eröffnen [1]). Dass nun πικρὸς ὀιστός nicht der Pfeil als „Bringer bittrer Schmerzen" ist, wie noch immer zu lesen, sondern der spitzige Pfeil, zeigt klar die Stelle Ψ 865 ff., in der Beschreibung des Wettkampfs im Bogenschiessen:

ὄρνιθος μὲν ἅμαρτε · μέγηρε γάρ οἱ τό γ᾽ Ἀπόλλων
αὐτὰρ ὁ μήρινθον βάλε πὰρ πόδα, τῇ δέδετ᾽ ὄρνις·
ἀντικρὺς δ᾽ ἀπὸ μήρινθον τάμε πικρὸς ὀιστός.

Der Pfeil trifft nicht den Vogel, sondern die Schnur, an der er befestigt ist, und durchschneidet sie. Hier kann doch nur der spitzige, scharf schneidende Pfeil gemeint sein, nicht der bittere, denn er verursacht ja keine Schmerzen.

Nur einmal noch findet sich bei Homer ausser der erwähnten Formel πικρός in der sinnlichen Grundbedeutung: Χ 206 in dem ebenfalls am Versschlusse stehenden πικρὰ βέλεμνα. Aber die Verse Χ 202—207 sind mit Sicherheit als das ungeschickte und störende Einschiebsel eines Späteren zu bezeichnen, der sich nicht darüber beruhigen konnte, dass der schnellfüssige Achill erst so spät den Hektor einholte, und dass nicht einer der zuschauenden Achaier durch einen wohlgezielten Schuss auf Hektor der Jagd ein Ende machte (vgl. Hentze im Anh., Einl.).

(ποιμένα) λαῶν, dann ἐπ᾽ εὐρέα νῶτα θαλάσσης, νήλεϊ χαλκῷ, πολυφλοίσβοιο θαλάσσης, θεῶν αἰειγενετάων bezw. θεοῖς αἰειγενέτῃσιν, μέλανος θανάτοιο, Κρόνος ἀγκυλομήτης (bei Hesiod Th. 545. Op. 48 ἔγχ. von Prometheus, aber auch als Versschluss), φιλομμειδὴς Ἀφροδίτη. Bei systematischer Nachforschung liesse sich gewiss die Zahl dieser Beispiele beträchtlich vermehren.

[1]) So betont auch Fulda, Unters. über die Spr. d. hom. Ged. I S. 76 „die hervorragende Wichtigkeit, die den festen Formeln bei Bestimmung der Grundbedeutung eines Wortes zugeschrieben werden muss". Vgl. auch die Bemerkung von Schmidt, Synon. I 511: „Gerade solche beliebte und volkstümliche Verse, die man unter dem Namen von Formeln so oft zu begreifen pflegt, zeigen meistens am sichersten die wahre Bedeutung der Wörter: denn es sind eben keine παρακινδυνεύσεις der Schriftsteller".

Im echten Homer also kommt πικρός in der Bedeutung „scharf, spitzig" nur formelhaft mit ὀιστός verbunden vor. Hätte diese Bedeutung im Zeitalter Homers noch der lebendigen Sprache angehört, so würde sie gewiss nicht nur in dieser stereotypen Verbindung vorkommen; denn nach Wörtern, die „scharf, spitzig" bedeuten, mussten die Dichter eines Schlachtenepos doch viel Bedürfnis haben, wie sie denn auch neben dem gebräuchlichsten Wort dafür, ὀξύς, noch ἀκαχμένος, δριμύς, ἐχεπευκής, περιπευκής gebrauchten. Wir dürfen also πικρός in seiner Grundbedeutung als einen Überrest aus der vorhomerischen Periode der griechischen Sprache bezeichnen, der sich im homerischen Zeitalter nur noch in einer, als formelhafter Versschluss dienenden Verbindung erhalten hat.

Wenn in der nachhomerischen Poesie — wir rechnen dazu bereits die Stelle X 206 — πικρός noch in der Bedeutung „scharf, spitz" auftritt, so haben wir eben, wie so oft, die bewusste Nachahmung eines längst aus der Sprache des Lebens verschwundenen Gebrauches zu konstatieren. Im Bereiche meiner Untersuchung fand ich noch einen Fall: Mimnerm. fr. 14, 8 αἱματόεντος ἐν ὑσμίνῃ πολέμοιο | πικρὰ λιαζόμενος (so Bergk für βιάζ.) δυσμενέων βέλεα. Passow zitiert Soph. Trach. 681 πικρᾷ γλωχῖνι und Eur. Herc. fur. 1288 γλώσσης πικρὰ κέντρα.

Auch die Übertragungen bei Homer lassen teilweise noch die Grundbedeutung in voller Klarheit erkennen. So in Α 271

ὀξεῖαι δ' ὀδύναι δῦνον μένος Ἀτρείδαο.
ὡς δ' ὅτ' ἂν ὠδίνουσαν ἔχῃ βέλος ὀξὺ γυναῖκα,
δριμύ, τό τε προϊεῖσι μογοστόκοι Εἰλείθυιαι,
Ἥρης θυγατέρες πικρὰς ὠδῖνας ἔχουσαι,
ὡς ὀξεῖ' ὀδύναι δῦνον μένος Ἀτρείδαο.

Die Übertragung (vgl. unser „stechende Schmerzen") wird hier durch den ganzen Zusammenhang gestützt und erklärt: die Wehen sind schneidende Geschosse der Eileithyien und heissen darum selbst πικραί.

δ 406 heisst es von den Robben des Proteus πικρὸν

ἀποπνείουσαι ἁλὸς πολυβενθέος ὀδμήν. πικρός steht hier von scharfem, penetrantem Geruch.

Schon bei Homer bedeutet πικρός mit Übertragung auf den Geschmack „herb, bitter" (unser „bitter" ist etymologisch gleichbedeutend mit „beissend", vgl. Kluge, Etymol. Wörterb. d. deutschen Spr.⁵ S. 43). Α 846 ῥίζαν — πικρήν. ε 323 στόματος δ' ἐξέπτυσεν ἅλμην πικρήν. δ 153 πικρὸν ὑπ' ὀφρύσι δάκρυον εἶβεν. Mit neuer Übertragung wird dann πικρός von unangenehmen, verhassten Dingen gebraucht, so ϱ 448 μὴ τάχα πικρὴν Αἴγυπτον καὶ Κύπρον ἵκηαι und in den comp. πικρόγαμος α 266 δ 346 ϱ 137 πάντες κ' ὠκύμοροί τε γενοίατο πικρόγαμοί τε (ihnen würde die Hochzeit versalzen sein) und πολύπικρος π 255 μὴ πολύπικρα καὶ αἰνὰ βίας ἀποτίσεαι ἐλθών.

Auch auf den Gehörsinn wurde πικρός übertragen und ähnlich dem synonymen ὀξύς von scharfen, gellenden Tönen gebraucht. Dieser Metapher begegnen wir noch nicht bei Homer, sondern erst bei späteren Dichtern, bei denen das Wort ja auch in seiner Grundbedeutung noch nicht ganz ausgestorben ist. Bei Aeschylus liegt sie vielleicht vor in den übel zugerichteten Worten Suppl. 886 ἴυζε καὶ βόα πικρότερ' ἀχέων ὀϊζύος ὄνομ' ἔχων, wo Hermann unter Streichung von ἴυζε καὶ βόα schrieb χέουσα καὶ πικρότερον ὀϊζύος νόμον. Von Sophokles seien angeführt die Stellen Ant. 423 κἀνακωκύει πικρᾶς ὄρνιθος ὀξὺν φθόγγον. OC. 1610 φθόγγον — πικρόν.

Wenn wir von diesem dichterischen Gebrauche absehen, beherrscht in der nachhomerischen Zeit der Begriff der Bitterkeit das Wort πικρός und seine Ableitungen (πικραίνω, πικρία, πικρότης u. a.) und Zusammensetzungen (z. B. πικρόκαρπος Aesch. Sept. 680. πικρόγλωσσος 772)[1]. Dass

---

[1] Buttmann u. a. O. S. 18: „Und nun sehe man πικρός in seinem ältesten Gebrauch im Homer an, so wird man gleich erkennen, dass penetrant, scharf die Grundbedeutung ist, wovon also das Bittere nur eine Unterabteilung ist, die aber späterhin die herrschende Bedeutung von πικρός ward."

die so häufige Übertragung von πικρός auf unangenehme, widerwärtige, verhasste Sachen und Personen sich nicht unmittelbar aus dem Grundbegriff der Schärfe oder Spitze herleitet, sondern aus der später herrschend gewordenen Bedeutung „bitter, herb" (vgl. amarus, acerbus), zeigen zahlreiche Stellen, in denen es dem gleichfalls übertragenen γλυκύς entgegengesetzt ist. So Sol. fr. 13, 5 εἶναι δὲ γλυκὺν ὧδε φίλοις, ἐχθροῖσι δὲ πικρόν. Theogn. 301 πικρὸς καὶ γλυκὺς ἴσθι καὶ ἁρπαλέος καὶ ἀπηνής λάτρισι καὶ δμωσὶν γείτοσί τ' ἀγχιθύροις (ähnlich 1353). Pind. J. 6, 48 τὸ δὲ πὰρ δίκαν γλυκὺ πικροτάτα μένει τελευτά und in dem einen Wort γλυκύπικρος: Sapph. fr. 40 Ἔρος δαὖτέ μ' ὁ λυσιμέλης δόνει, γλυκύπικρον ἀμάχανον ὄρπετον.

Zum Schluss noch der Übersicht halber ein Stammbaum der Bedeutungsentwicklung von πικρός:

Grundbedeutung: „scharf, spitzig".

Übertragungen:

1) auf das Gefühl überhaupt: Α 271.	2) auf einzelne Sinne:		
	a) auf den Geruch: „penetrant" δ 406.	b) auf den Geschmack: „bitter, herb"	c) auf das Gehör: „gellend"
		davon übertragen auf das Gemüt: „unangenehm, feindselig, verhasst" u. s. f.	

πίπτω.

Πίπτειν εἴς τι im übertragenen Sinn „in etwas (gewöhnlich Schlimmes) verfallen, hineingeraten" ist nachhomerisch. Diese später auch in Prosa übliche Metapher finden wir zuerst Sol. fr. 9, 4 εἰς δὲ μονάρχου δῆμος ἀιδρίῃ δουλοσύνην ἔπεσεν. fr. 13, 68 (vgl. Theogn. 588) ἀλλ' ὁ μὲν εὖ ἔρδειν πειρώμενος οὐ προνοήσας εἰς μεγάλην ἄτην καὶ χαλεπὴν ἔπεσεν. Theogn. 42 ἡγεμόνες δὲ τετράφαται πολλὴν ἐς κακότητα πεσεῖν. Pind. J. 3, 41 ἐκ λεχέων ἀνάγει φάμαν παλαιὰν εὐκλέων ἔργων· ἐν ὕπνῳ γὰρ πέσεν. 7, 6 μήτ' ἐν ὀργανίᾳ πέσωμεν στεφάνων¹). Aesch. Pr. 490 ἐς νόσον πεσών. 494 εἴ τις εἰς νόσον πέσοι.

Nachhomerisch ist auch πίπτειν in der vom Fall der Würfel hergenommenen Metapher „ausfallen, einen Ausgang nehmen". Sie findet sich zuerst bei Pindar O. 12, 10 πολλὰ δ᾽ ἀνθρώποις παρὰ γνώμαν ἔπεσεν und Aeschylus Ag. 32 τὰ δεσποτῶν γὰρ εὖ πεσόντα θήσομαι τρὶς ἓξ βαλούσης τῆσδέ μοι φρυκτωρίας mit weiter ausgeführtem Bild (vgl. Wecklein z. d. St.).

πλάσσω

findet sich bei Homer wohl zufällig nicht, bei Hesiod im eigentlichen Sinn „bilde, forme" Op. 70 αὐτίκα δ᾽ ἐκ γαίης πλάσσε κλυτὸς Ἀμφιγυήεις παρθένῳ αἰδοίῃ ἴκελον. Th. 513 πλαστὴν ὑπέδεκτο γυναῖκα παρθένον. συμπλάσσω ebenso Th. 571. Sim. Am. fr. 7, 21 τὴν δὲ πλάσαντες γηΐνην (sc. γυναῖκα).

In der übertragenen Bedeutung „ersinne, erdichte" (vgl. fingo) findet sich πλάσσω zuerst Aesch. Pr. 1062 ὡς ὅδ᾽ οὐ πεπλασμένος ὁ κόμπος, ἀλλὰ καὶ λίαν εἰρημένος, doch vorher schon πλάσμα „Erdichtung" bei Xenophan. fr. 1, 22 οὔτι μάχας διέπει Τιτήνων οὐδὲ Γιγάντων, οὐδ᾽ αὖ Κενταύρων, πλάσματα τῶν προτέρων.

πλέος

(jonisch auch πλεῖος, attisch πλέως) kommt bei Homer einmal metaphorisch vor: μ 92 ὀδόντες — πλεῖοι μέλανος θανάτοιο, doch ist dies entschieden eine dichterische Meta-

---

1) πίπτειν ἔν τινι (im eigentlichen Sinn P. 2, 41 ἐν γουνασίδαις πεσών) nach Homer der πίπτειν εἴς τι überhaupt noch nicht kennt (z. B. ὁ δ᾽ ἐν κονίῃσι χαμαὶ πέσεν. Λ 482 u. ö.). Letztere Konstruktion findet sich neben der ersteren (Scut. 365. fr. 83) zuerst bei Hesiod: Th. 791 εἰς ἅλα πίπτει Op. 620. πίπτειν ἔν τινι auch bei Aeschylus Pers. 128 φυσσίνοις δ᾽ ἐν πέπλοις πίπτῃ λακίς. Ag. 571 εὖτε πόντος ἐν μεσημβριναῖς κοίταις ἀκύμων νηνέμοις εὕδοι πεσών.

pher. Bei Hesiod finden wir πλέος auf die Zeit übertragen: Th. 636 συνεχέως ἐμάχοντο δέκα πλείους ἐνιαυτούς („zehn volle Jahre"). Op. 778 ἤματος ἐκ πλείον. 792 πλέῳ ἤματι (gemeint ist beidemal der längste Tag des Jahres). Dieser Gebrauch scheint vereinzelt zu sein; später kommt das synonyme πλήρης, das bei Homer und Hesiod fehlt, so vor (z. B. Hdt. VII 20 τέσσερα ἔτεα πλήρεα).

Auch bei Prosaikern gewöhnlich ist dagegen die Übertragung auf ein geistiges Erfülltsein mit einer Stimmung, einer Eigenschaft u. dergl.; sie tritt für uns zuerst auf Archiloch. fr. 58, 4 καρδίης πλέος („mutvoll"), dann Aesch. Pr. 42 αἰεί τε δὴ νηλὴς σὺ καὶ θράσους πλέως. 985 σεμνόστομός γε καὶ φρονήματος πλέως ὁ μῦθός ἐστιν. 722 φόβου πλέα τις εἶ. Pers. 606 ἐμοὶ γὰρ ἤδη πάντα μὲν φόβου πλέα.

πόρος

(verwandt mit περάω, Curt. GZ. No. 356) ist bei Homer stets „Übergang über das Wasser": vom Meer μ 259 πόρους ἁλὸς ἐξερεείνων (daher θαλάσσης εὐρυπόροιο O 381. δ 432. μ 2), von Flüssen „Furt" B 592 Ἀλφειοῖο πόρον. Ξ 433 Φ 1 Ω 692 πόρον — ποταμοῖο (daher Ἑπτάπορος „der Siebenfurtige" als Flussname M 20). So auch nach Homer noch oft: von Flüssen z. B. h. Ap. 423. h. Merc. 398. Pind. O. 6, 28 παρ' Εὐρώτα πόρον. Aesch. Ch. 365 παρὰ Σκαμάνδρου πόρον; vom Meer Hes. Th. 292 διαβὰς πόρον Ὠκεανοῖο u. ö., gewöhnlich für „Meerenge", da man an den engsten Stellen überfährt; so heisst der Hellespont Ἕλλας πόρος Pind. fr. 189. Aesch. Pers. 878.

Πόρος ist also ursprünglich gleichbedeutend mit dem stammverwandten πορθμός, das ebenfalls vom Meer gebraucht „Überfahrt, Überfahrtstelle, Meerenge", vom Fluss „Furt" bedeutet: δ 671 = ν 29 ἐν πορθμῷ Ἰθάκης τε Σάμοιό τε. Ἕλλας bezw. Ἕλλης πορθμόν Pind. fr. 51. Aesch. Pers. 69. 724. 801. πορθμὸν Ἀχέροντος Pind. fr. 143.

Aber während πορθμός seine ursprüngliche Bedeutung beibehielt, erweiterte sich der Begriff von πόρος zu der Bedeutung „Weg" überhaupt. So finden wir das Wort z. B. Pind. J. 7, 15 βίου πόρον (mit poetischer Übertragung). Aesch. Ag. 912 μηδ' εἵμασι στρώσασ' ἐπίφθονον πόρον τίθει. Pr. 297 αἰθέρα θ' ἁγνὸν πόρον οἰωνῶν.

Davon geht denn auch die übertragene Bedeutung aus, in der wir das Wort so häufig finden, „Mittel, um etwas zu erreichen oder aus etwas herauszukommen, Hilfsmittel, Ausweg". So Aesch. Pr. 59 δεινὸς γὰρ εὑρεῖν κἀξ ἀμηχάνων πόρους. 111 πυρὸς πηγὴν κλοπαίαν, ἣ διδάσκαλος τέχνης πάσης βροτοῖς πέφηνε καὶ μέγας πόρος. 493 οἵας τέχνας τε καὶ πόρους ἐμησάμην. Suppl. 814 τίν' — ἔτι πόρον τέμνω γάμου λυτῆρα;

Das Adjektiv ἄπορος teilt die sinnliche und die geistige Bedeutung von πόρος. Bei Heracl. fr. 7 ἐὰν μὴ ἔλπησθε, ἀνέλπιστον οὐκ ἐξευρήσετε ἀνεξεύρετον ἐὸν καὶ ἄπορον heisst es „wozu es keinen Weg gibt, unzugänglich", dagegen „wozu es kein Mittel gibt, schwierig, unmöglich" Pind. O. 1, 52 ἐμοὶ δ' ἄπορα γαστρίμαργον μακάρων τιν' εἰπεῖν. N. 4, 71 ἄπορα γὰρ λόγον — τὸν ἅπαντά μοι διελθεῖν. O. 10, 40 νεῖκος δὲ κρεσσόνων — ἄπορον. Aesch. Pr. 935 ἀπόλεμος ὅδε γ' ὁ πόλεμος, ἄπορα πόριμος. Die andere übertragene Bedeutung von ἄπορος „ratlos, keine Hülfe wissend" liegt zu Grund dem subst. ἀπορία „Ratlosigkeit, Mangel, Armut" bei Pind. N. 7, 105 ταυτὰ δὲ τρὶς τετράκι τ' ἀμπολεῖν ἀπορία τελέθει.

Εὔπορος zeigt Aesch. Suppl. 479 die sinnliche Bedeutung „gut oder leicht zu befahren", wenn auch innerhalb eines Bildes: ἄτης δ' ἄβυσσον πέλαγος οὐ μάλ' εὔπορον τόδ' ἐσβέβηκα, κοὐδαμοῦ λιμὴν κακῶν.

πρέπω.

Die Grundbedeutung von πρέπειν ist „in die Augen fallen, hervorstechen", zunächst ganz sinnlich gebraucht von Dingen, die sich durch Glanz, Farbe, Grösse oder dergl.

unter andern bemerklich machen, dann übertragen auf unsinnliche Qualitäten „sich auszeichnen, sich hervorthun".

Diese beiden Bedeutungen sind bei Homer noch die einzigen. πρέπω selbst findet sich zufällig bei ihm nur in der erwähnten Übertragung (z. B. M 104 οἱ γὰρ οἱ εἴσαντο διακριδὸν εἶναι ἄριστοι τῶν ἄλλων μετά γ' αὐτόν· ὁ δ' ἔπρεπε καὶ διὰ πάντων), die sinnliche Grundbedeutung dagegen zeigen vielfach Zusammensetzungen und Ableitungen: so das altertümliche, nach Homer, wie es scheint, gar nicht mehr vorkommende ἀριπρεπής, z. B. O 309 αἰγίδα θοῦριν δεινὴν ἀμφιδάσειαν ἀριπρεπέ· „die durch ihren Glanz in die Augen fallende, hellstrahlende Aigis", denn sie war nach B 448 mit goldenen Troddeln geziert. Θ 556 ἄστρα φαεινὴν ἀμφὶ σελήνην φαίνετ' ἀριπρεπέα. ι 22 ναιετάω δ' Ἰθάκην εὐδείελον ἐν δ' ὄρος αὐτῇ, Νήριτον εἰνοσίφυλλον, ἀριπρεπές (begründet εὐδείελον „weithin sichtbar"); ferner μεταπρέπω, z. B. B 481 ἠΰτε βοῦς ἀγέληφι μέγ' ἔξοχος ἔπλετο πάντων ταῦρος· ὁ γάρ τε βόεσσι μεταπρέπει ἀγρομένῃσιν· τοῖον ἄρ' Ἀτρεΐδην θῆκε Ζεὺς ἤματι κείνῳ, ἐκπρεπέ' ἐν πολλοῖσι καὶ ἔξοχον ἡρώεσσιν. ζ 109 ἥ γ' ἀμφιπόλοισι μετέπρεπε παρθένος ἀδμής (durch Grösse und Schönheit), μεταπρεπής Σ 370 'Ηφαίστιον δ' ἵκανε δόμον Θέτις ἀργυρόπεζα ἄφθιτον ἀστερόεντα, μεταπρεπέ' ἀθανάτοισι (wegen seiner sternartigen Verzierungen glänzte es hervor unter den Häusern der andern Götter).

Diese Grundbedeutung ist aber nicht auf Homer beschränkt, sie tritt auch nach ihm noch auf, besonders bei Aeschylus; doch findet sie sich, wenn auf die Lexika Verlass ist, nicht in der Prosa, woraus zu schliessen wäre, dass sie in der Sprache des Lebens schon früh abgestorben war und nur in der Poesie noch ein künstliches Dasein fortführte. Beispiele sind h. Cer. 214 ἐπί τοι πρέπει ὄμμασιν αἰδὼς καὶ χάρις. Pind. P. 10, 67 πειρῶντι δὲ καὶ χρυσὸς ἐν βασάνῳ πρέπει καὶ νόος ὀρθός. Aesch. Sept. 377 λαμπρὰ δὲ πανσέληνος ἐν μέσῳ σάκει πρέπει. Ag. 30 ὡς ὁ φρυκτὸς ἀγγέλλων πρέπει („wie das Feuerzeichen verkündend leuchtet"). Pers. 250 τοῦδε γὰρ δράμημα φωτὸς Περσικὸν πρέπει μαθεῖν. Ch. 12 ὁμήγυρις στείχει γυναικῶν φάρεσιν μελαγχίμοις πρέπουσα. 24 πρέπει παρηὶς — ἀμυγμοῖς¹).

Am vertrautesten ist uns *πρέπειν* in unpersönlichem Gebrauch mit der Bedeutung „sich schicken, wohl anstehen"; *πρέπει* hat sich in etwas veränderter Bedeutung (oportet) bis in die neugriechische Volkssprache hinübergerettet. Wie kommt *πρέπειν* zu jener Bedeutung?

---

1) Zuweilen findet sich *πρέπειν* auch von anderen Sinnen als dem Gesichtssinn gebraucht. So vom Gehör Pind. N. 3, 67 βοὰ δὲ νικαφόρῳ σὺν Ἀριστοκλείδᾳ π ρ έ π ε ι. Aesch. Ag. 333 οἶμαι βοὴν ἄμικτον ἐν πόλει π ρ έ π ε ι ν, vom Geruch 1310 ὅμοιος ἀτμὸς ὥσπερ ἐκ τάφου π ρ έ π ε ι.

Buttmann im Lexilogus I 19 f. sagt „... Aber nicht bloss in der epischen Sprache sind alte Bedeutungen der Wörter zu suchen; auch im lyrischen Gebrauch und durch diesen im dramatischen sind viele, die man sich in acht nehmen muss nicht zu häufig als kühne Übertragungen, so sehr auch diese der Lyrik eigen sind, hinweg zu deuten. Kombinationen wie die, welche das vorliegende Wort veranlasst, können davor schützen. Aeschylus gebraucht das Wort von allem Hervordringenden, Durchdringenden, von allem was sich irgend einem Sinn aufdrängt. Denn wenn es ganz eigentlich nur auf das Gesicht ginge, so würde eine Übertragung auf den Geruch wie Agam. 1322 [1310] ... schwerlich dem Lächerlichen entgangen sein: und vom Schalle sagt er ib. 331 [333], und Pindar Ne. 3, 118 [67] ganz absolut βοὴ πρέπει ,ein Geschrei ertönt'." Buttmann fasst demgemäss *πρέπω* als eine Reduplikation von ΠΕΡΩ (*πείρω*, *περάω*), wie sie auch in *πόρπη* Spange (vom Durchstechen) vorliegt; die Grundbedeutung des Wortes wäre dann „steche, dringe durch". Er hätte noch hinweisen können auf unser „in die Augen stechen, hervorstechen", wie auf die Analogie von *πικρός* „spitzig", das ja, wie wir gesehen haben, auch von heftig reizenden Eindrücken auf den Geruchs- und Gehörsinn gebraucht wurde.

Notwendig ist es nicht, mit Buttmann den Grundbegriff von *πρέπειν* auf alle Sinne auszudehnen. Denn Übertragungen von einem Sinn auf den andern sind im Griechischen durchaus nicht so unerhört. Die erwähnten Stellen sind doch sicherlich nicht gewaltsamer als etwa Sept. 100 κτύπον δέδορκα · πέλαγος οὐχ ἑνὸς δορός. Weiteres siehe bei Lobeck, Rhemat. p. 329 sqq.: De vocabulis sensuum corumque confusione.

Wir müssen uns denken, dass der sittlich und ästhetisch indifferente Grundbegriff des Wortes eine Beschränkung (Determination) erlitt auf „günstig in die Augen fallen, sich gut ausnehmen" und von da aus übertragen wurde auf unsinnliche Eigenschaften mit der Bedeutung „sich ziemen, schicken". Der bei dem unpersönlichen πρέπειν gewöhnlich stehende Dativ bezeichnet die Person, an der etwas angenehm auffällt. Dies mögen zwei Beispiele zeigen, in der die Grundbedeutung in analoger Konstruktion auftritt: Pers. 239 πότερα γὰρ τοξουλκὸς αἰχμὴ διὰ χερὸς αὐτοῖς (Stadtmüller δέοις) πρέπει; „Ist an ihnen die bogenspannende Spitze in der Hand wahrzunehmen?" und ω 252 οὐδέ τί τοι δούλειον ἐπιπρέπει εἰσοράασθαι εἶδος καὶ μέγεθος „Nichts Sklavisches tritt an dir hervor, wenn man dich anschaut" u. s. f.

In dem erwähnten Sinn wird πρέπειν unpersönlich gebraucht zuerst im 22 Fragment des Alkman: πρέπει παιᾶνα κατάρχειν, bei Pindar und Aeschylus oftmals, z. B. P. 5, 43 ἐχόντι τοίνυν πρέπει ῥόῳ τὸν εὐεργέταν ὑπαντιάσαι. Ag. 641 εὔφημον ἦμαρ οὐ πρέπει κακαγγέλῳ γλώσσῃ μιαίνειν.

So ist also von πρέπειν die Grundbedeutung „hervorstechen, in die Augen fallen" früh abgestorben, während es sich in der von der determinierten Grundbedeutung „gut aussehen, sich gut ausnehmen" ausgehenden Übertragung durch alle Zeiten der griechischen Sprache erhalten hat.

πρεσβύτερος, πρεσβύτατος.

„πρέσ-βυ-ς dürfen wir seinem ersten Bestandteile nach sicherlich mit dem lat. pris- in pris-cu-s, pris-tinu-s vergleichen, und dass die Silbe βυ aus γυ entstanden sei, machen die Nebenformen πρέσ-γυ-ς und kret. πρεῖγυ-ς wahrscheinlich ... γυ ist nur eine Phase der W. γα, γεν, folglich bedeutet πρέσ-βυ-ς 'früher geboren'".

So Curtius GZ.⁵ S. 179. Die Etymologie erklärt also, warum πρέσβυς im eigentlichen Sinn nur von Personen gebraucht wurde.

Stark betont in πρέσβυς und seinen Ableitungen ist bei Homer wenigstens der Begriff des Ehrwürdigen, Achtung Heischenden. Dieser Nebenbegriff hat sachlich eine doppelte Quelle: einmal das Verhältnis des Älteren zum Jüngeren unter Geschwistern, dann das Altersverhältnis jedes Einzelnen zu den andern überhaupt [1]).

Bei Homer findet sich πρέσβυς selbst nicht, dagegen eine alte Femininform πρέσβα, einmal von einer menschlichen Tochter (γ 452 Εὐριδίκη, πρέσβα Κλυμένοιο θυγατρῶν), öfter von Hera ("Ἥρη, πρέσβα θεά bald nomin., wie

---

[1]) Wie bestimmt ersteres als ein Autoritätsverhältnis aufgefasst wurde, zeigt O 204. Iris fordert Poseidon auf, Zeus zu willfahren und sich vom Schlachtfeld zu entfernen; da sagt sie mit Nachdruck οἶσθ᾽, ὡς πρεσβυτέροισιν Ἐρινύες αἰὲν ἕπονται „du weisst, wie den Älteren die Erinyen immer zur Seite stehen". „Das alte Familienrecht gibt dem älteren Bruder einen Vorrang vor dem jüngeren; die Wahrerinnen dieser Ordnung, wie aller sittlichen Ordnung innerhalb der Familie sind die Erinyen" Am.-H. z. d. St. Bezüglich des zweiten Verhältnisses weist Autenrieth bei Am.-H. Anh. zu Δ 59 hin auf die Analogie von seigneur, señor und von γέροντες bei Homer im politischen Sinne von βουληφόροι ἄνδρες (Β 404 werden unter den γέροντες ἀριστῆες Παναχαιῶν auch die beiden Aias und Diomedes aufgezählt, was schon Aristarch auffiel, der B 21 γερόντων mit τῶν ἐντίμων erklärte; Lehrs Ar. ³115). Interessant ist, dass nach Hesiod Nereus seinen Beinamen γέρων nicht wegen seines Alters, sondern wegen seiner sittlichen Würde führte: Th. 233 ff.

Νηρέα δ᾽ ἀψευδέα καὶ ἀληθέα γείνατο Πόντος
πρεσβύτατον παίδων· αὐτὰρ καλέουσι γέροντα,
οὕνεκα νημερτής τε καὶ ἤπιος, οὐδὲ θεμίστων
λήθεται, ἀλλὰ δίκαια καὶ ἤπια δήνεα οἶδεν.

Sittl bemerkt hiezu richtig: τὸ αὐτὰρ μόριον ἀποδίδωσι τόνδε τὸν νοῦν· πρεσβύτατος μέν ἐστιν, οὐχ ὅμως διὰ τοῦτο γέρων καλεῖται, ἀλλὰ . . . . So eng war also der Begriff des Greisenalters mit dem der sittlichen Würde verwachsen, dass nicht nur dieser aus jenem, sondern auch, wie hier, jener aus diesem sich ergeben konnte. Ob Hesiod mit seiner Erklärung Recht hat, ist uns natürlich hier gleichgültig.

E 721, bald voc., wie Ξ 194), einmal von Ate (Τ 91 πρέσβα Διὸς θυγάτηρ Ἄτη in der interpolierten Erzählung Τ 90 –136).

Ferner findet sich bei Homer πρεσβυ-γενής „erstgeboren" Α 249, etymologisch betrachtet eine Tautologie, und der Komparativ und Superlativ πρεσβύτερος und πρεσβύτατος „älter" und „ältest" z. B. Α 787 τέκνον ἐμόν, γενεῇ (an Geschlecht, Abstammung) μὲν ὑπέρτερός ἐστιν Ἀχιλλεύς, πρεσβύτερος δὲ σύ ἐσσι. Α 740 γαμβρὸς δ' ἦν Αὐγείαο, πρεσβυτάτην δὲ θύγατρ' εἶχε ξανθὴν Ἀγαμήδην.

Dagegen heisst πρεσβύτατος nicht „der älteste", sondern „der geachtetste, ehrwürdigste" Α 59

καὶ γὰρ ἐγὼ θεός εἰμι, γένος δέ μοι ἔνθεν ὅθεν σοί, καί με πρεσβυτάτην τέκετο Κρόνος ἀγκυλομήτης, ἀμφότερον, γενεῇ τε καὶ οὕνεκα σὴ παράκοιτις κέκλημαι, σὺ δὲ πᾶσι μετ' ἀθανάτοισιν ἀνάσσεις.

Hier lässt die doppelte Begründung, die Hera gibt, keinen Zweifel über die Bedeutung von πρεσβυτάτην zu. Zweifelhaft dagegen mag man sein ν 142, wo Zeus den Poseidon πρεσβύτατον καὶ ἄριστον unter den Göttern nennt.

Wenn πρεσβύτατος zu der Bedeutung „der geachtetste, ehrwürdigste" kommt, so haben wir einen Fall, in dem die **Kausalität** den Bedeutungsübergang vermittelt[1]), also, wenn wir den alten Kunstausdruck der Rhetorik aufs semasiologische Gebiet übertragen, eine **Metonymie**. Das Alter ist die Ursache der Achtung und Würde. Auch in anderen Bildungen von demselben Stamm findet sich dieser Begriff

---

[1]) Gelegentlich sei noch auf ein anderes Beispiel kausalen Bedeutungsüberganges hingewiesen. φιλέω mit Infinitiv heisst eigentlich „ich liebe zu thun, ich thue gern" (z. B. Hes Op. 788 φιλεῖ δέ τε κήρυκα βάζειν, aber auch „ich pflege zu thun, ich thue etwas oft", ohne dass dafür eine Neigung vorhanden zu sein braucht (z. B. Heracl. fr. 97 βλὰξ ἄνθρωπος ἐπὶ παντὶ λόγῳ ἐπτοῆσθαι φιλεῖ). Oftthun ist die Folge des Gernthuns; beide Bedeutungen sind also kausal verbunden.

der Ehre, Würde, ohne dass dabei mehr an das Alter gedacht ist: so in πρεσβήιον „Ehrengeschenk" = γέρας [1]), zuerst Θ 289, in πρεσβεύω „ehre, achte, erweise Ehrfurcht" (z. B. Aesch. Eum. 1 πρῶτον μὲν εὐχῇ τῇδε πρεσβεύω θεῶν τὴν πρωτόμαντιν Γαῖαν), πρεσβεύομαι „nehme den ersten Rang ein" (z. B. Eum. 21 Παλλὰς προναία δ' ἐν λόγοις πρεσβεύεται), πρέσβος „Gegenstand der Verehrung" bei Aesch. Pers. 626 βασίλεια γύναι, πρέσβος Πέρσαις.

Eine Metapher dagegen liegt vor, wenn πρεσβύτερος und πρεσβύτατος, wie auch in der Prosa ganz gewöhnlich, in diesem Sinn von leblosen Dingen steht, von dem, dem man Wert zumisst, Gewicht beilegt, Aufmerksamkeit schenkt. Zwei Beispiele aus der Prosa: Hdt. V 63 τὰ γὰρ τοῦ θεοῦ πρεσβύτερα ἐποιεῖτο ἢ τὰ τῶν ἀνδρῶν. Thuc. IV 61 τοῦτο — πρεσβύτατον — κρίνας.

Dieser übertragene Gebrauch kommt zuerst bei Solon vor, und zwar in einem durch die neugefundene ΑΘ. πολ. des Aristoteles bekannt gewordenen Distichon (Kenyon p. 14):

γινώσκω, καί μοι φρενὸς ἔνδοθεν ἄλγεα κεῖται,
πρεσβυτάτην ἐσορῶν γαῖαν Ἰαονίας.

„Schau ich, edelster Zweig jonischen Stammes, auf dich" Kaibel-Kiessling. Dann finden wir den selteneren Superlativ πρέσβιστος so gebraucht bei Aeschylus Sept. 377 λαμπρὰ δὲ παυσέληνος ἐν μέσῳ σάκει, πρέσβιστον ἄστρων, νυκτὸς ὀφθαλμός, πρέπει.

πρήσσω.

Die Grundbedeutung dieses Wortes liegt am klarsten vor ι 491 ἀλλ' ὅτε δὴ τὴν νῆσον ἅλα πρήσσοντες ἀφίκετ. ἅλα πρήσσειν bedeutet wie ο 294 ἀνύειν ἁλμυρὸν

---

[1] Könnte nicht, wie πρεσβήιον von πρέσβυς stammt, γέρας mit γέρων zusammenhangen? Dem Verbum γεραίρω „ehre" würde dann πρεσβεύω entsprechen, das ja auch diese Bedeutung hat.

ὕδωρ (s. oben unter ἀνύω) „das Meer durchfahren". Buttmann (Lexil. II 197) hat darauf aufmerksam gemacht mit den Worten: „πρήσσειν ἅλα von dem Begriffe thun oder machen aus — also gleichsam, atque iam bis tantum, mare facientes, aberamus — ist ein unhaltbarer Ausdruck, so dass man grosse Lust bekommt die Lesart des Rhianus, ἅλα πλήσσοντες, anzunehmen; wenn man nicht deutlich sähe, dass dies eine blosse Besserung ist: eben weil Rhianus schon in jenen andern Redensarten, nach der jetzt gangbaren Ansicht, nur das gewöhnliche πράττω zu sehen glaubte". So einleuchtend das ist, so hat doch Mayhoff, de Rhiani stud. Hom. p. 77, des Rhianus Änderung hartnäckig verteidigt.

Schon die Alten brachten πρήσσω in etymologischen Zusammenhang mit περάω, und die neuere Forschung bestätigt dies (vgl. Curtius GZ.⁵ S. 274).

Ein Schritt weiter ist es, wenn πρήσσειν mit einem Wort verbunden wird, das an sich schon „Weg" oder „Fahrt" bedeutet. So Ξ 282 ῥίμφα πρήσσουσι κέλευθον (ebenso ψ 501). ν 83 ῥίμφα πρήσσουσι κέλευθον. Ω 264 o 47, 219 πρήσσωμεν ὁδοῖο. γ 476 ἵνα πρήσσῃσιν ὁδοῖο (der Genitiv ist lokal-partitiv, wie Β 801 ἔρχονται πεδίοιο. ε 237 ἧρχε δ' ὁδοῖο). Vgl. διαπρήσσω, wo διά den Grundbegriff des Verbums verstärkt (vgl. διανύω): Α 483 β 429 διαπρήσσουσα κέλευθον. β 213 διαπρήσσωσι κέλευθον. Β 785. Γ 14. ψ 364 μάλα δ' ὦκα διέπρησσον πεδίοιο.

Diese Fälle bilden den Übergang von der Grundbedeutung zu der Bedeutung „vollenden". Mit κέλευθον verbunden konnte πρήσσειν ebensowohl „durchfahren" als „vollenden" bedeuten; allmählich aber gewöhnte man sich daran, in dieser und andern Verbindungen πρήσσειν als „vollenden" zu fassen und auch auf andere Dinge, als Wege und Fahrten, zu übertragen.

Schon bei Homer bedeutet πρήσσειν häufig „vollenden, ausrichten". So wird es gern gebraucht von dem, was jemand wirklich ausrichtet im Vergleich zu dem, was er fühlt oder will, zu den Affekten des Zorns (Α 562 πρήξαι δ' ἔμπης οὔ τι δυνήσεαι. τ 324 οὐδέ τι ἔργον ἐνθάδ᾽ ἔτι πρήξει, μάλα περ κεχολωμένος αἰνῶς), des Schmerzes (Ω 550 οὐ γάρ τι πρήξεις ἀκαχήμενος υἷος ἑῆος, οὐδέ μιν ἀνστήσεις. π 88 μή μιν κερτομέωσιν, ἐμοὶ δ᾽ ἄχος ἔσσεται αἰνόν· πρῆξαι δ᾽ ἀργαλέον τι μετὰ πλεόνεσσιν ἐόντα ἄνδρα καὶ ἴφθιμον), der Begierde (Λ 552 ὁ δὲ κρειῶν ἐρατίζων ἰθύει, ἀλλ᾽ οὔ τι πρήσσει, ebenso Π 661), oder im Vergleich zu dem Vorhaben (γ 60 πρήξαντα νέεσθαι, οὕνεκα δεῦρ᾽ ἱκόμεσθα). So auch absolut (scheinbar intransitiv) Σ 357 ἔπρηξας καὶ ἔπειτα, βοῶπις πότνια Ἥρη, ἀνστήσασ᾽ Ἀχιλῆα und διαπρήσσω ξ 197 οὔ τι διαπρήξαιμι λέγων ἐμὰ κήδεα θυμοῦ.

Diese Bedeutung „ausrichten, vollbringen" liegt auch vor in πρῆξις Ω 524 οὐ γάρ τις πρῆξις πέλεται κρυεροῖο γόοιο (mit dem Jammern richtet man nichts aus) und κ 202 = 568 ἀλλ᾽ οὐ γάρ τις πρῆξις (Hülfe, Rettung) ἐγίγνετο μυρομένοισιν, ferner in πρηκτήρ „Vollbringer" Ι 443 μύθων τε ῥητῆρ᾽ ἔμεναι πρηκτῆρά τε ἔργων und in ἀπρηκτος 1) act. „ohne etwas auszurichten" Ξ 221 οὐδέ σέ φημι ἀπρηκτόν γε νέεσθαι, ὅ τι φρεσὶ σῇσι μενοινᾷς; 2) pass. „worin" oder „wogegen man nichts ausrichten kann" Β 121 ἀπρηκτον πόλεμον πολεμίζειν. 376 ἀπρήκτους ἔριδας. β 79 ἀπρήκτους ὀδύνας. μ 223 Σκύλλην —, ἀπρηκτον ἀνίην.

Wenn Buttmann (a. a. O. S. 198) sagt, πρήσσειν heisse bei Homer „noch nichts weiter als πράττειν, d. h. zu stande bringen", so ist dies nicht ganz genau. Es zeigt sich auch schon bei ihm in einer Verflachung, die dem späteren Gebrauch nahe kommt. So θ 259 αἰσυμνῆται — δήμιοι, οἳ καὶ ἀγῶνας εὖ πρήσσεσκον ἕκαστα (thaten, besorgten); daher hat πρῆξις auch die Bedeutung „Besorgung, Geschäft": γ 72 werden Telemachos und seine Genossen von Nestor gefragt:

ὦ ξεῖνοι, τίνες ἐστέ; πόθεν πλεῖθ᾽ ὑγρὰ κέλευθα;
ἦ τι κατὰ πρῆξιν; ἦ μαψιδίως ἀλάλησθε,
οἷά τε ληϊστῆρες ...

κατὰ πρῆξιν heisst „in Geschäften". Es können sowohl

Privat- als Staatsgeschäfte sein, denn Telemachos antwortet v. 82:

πρῆξις δ' ἥδ' ἰδίη, οὐ δήμιος, ἣν ἀγορεύω.

Eine δήμιος πρῆξις ist z. B. das θ 259 erwähnte Geschäft der phäakischen Aisymneten. Unter den ἰδίαι πρήξεις aber steht natürlich das Handelsgeschäft oben an, und so kann denn πρηκτήρ auch der Handelsmann sein: θ 162 ἀρχὸς ναυτάων, οἵ τε πρηκτῆρες ἔασιν. So müssen wir also auch für πρίσσειν eine spezielle Bedeutung „Handel treiben, handeln" annehmen.

Wie steht es nun nach Homer? In den Hymnen finden wir noch einigemal die sinnliche Grundbedeutung „durchfahren, eine Strecke zurücklegen" — wohl als bewusste Nachahmung des homerischen Gebrauchs: h. Ap. 421 ἡ δὲ (sc. νηῦς) πρήσσουσα κέλευθον. h. Merc. 203 πολλοὶ γὰρ ὁδὸν πρήσσουσιν ὁδῖται. h. Ven. 67 θοῶς πρήσσουσα κέλευθον. Von διαπρήσσω h. Merc. 200 διαπρήσσοντα κέλευθον. 553 διαπρήξουσι κέλευθον (in dieser Verbindung, wie bei Homer, als formelhafter Versschluss). πρῆξις in der homerischen Bedeutung „Geschäft" noch h. Ap. 397 οἳ μὲν ἐπὶ πρῆξιν καὶ χρήματα — ἔπλεον. 453 = γ 72.

Hesiod hat einmal πρήσσειν, und zwar in der Bedeutung „ausrichten, zu stande bringen" Op. 402 χρῆμα μὲν οὐ πρήξεις, σὺ δ' ἐτώσια πόλλ' ἀγορεύσεις.

Einfach „thun" bedeutet das Wort zuerst bei Xenophanes fr. 1, 16 τὰ δίκαια δύνασθαι πρήσσειν. In dieser Bedeutung, die bei den Attikern die herrschende ist, hat sich das Wort völlig von seiner Grundbedeutung losgelöst; die Beziehung auf das Ziel oder Ende, die auch der Übergangsbedeutung „vollenden, zu stande bringen" eigen ist, hat sich abgeschliffen. In der altertümlich gefärbten Sprache Pindars finden wir die letztere noch einigemal, freilich in der individuellen Art des Dichters angewandt: so P. 2, 40 τὸν δὲ τετράκναμον ἔπραξε („erreichte, zog sich zu") δεσμόν, ἑὸν ὄλεθρον ὅγ'. J. 4, 8 ἐν τ' ἀγωνίοις ἀέθλοισι ποθεινὸν κλέος ἔπραξεν.

Doch hat sich πράσσειν noch in einer andern Bedeutung

erhalten, die unmittelbar auf der Grundbedeutung „einen Raum durchmessen" fusst, nämlich in der Bedeutung „pati". Es ist klar, dass aus dem Begriff des Thuns oder Handelns sich der des Leidens nicht entwickeln kann: wir müssen auf die Grundbedeutung zurückgehen, aus der sich beide nach verschiedenen Richtungen abgezweigt haben. Dies hat Heinr. Schmidt in der Synon. d. gr. Spr. I 411 erkannt und trefflich ausgeführt: „... aus dieser (der ursprünglichen Bedeutung) entwickelt sich nicht nur die des Strebens und Wirkens nach einem bestimmten Ziele, sondern ganz ebenso die andere: 'etwas durchmachen', d. h. gute und üble Erlebnisse 'auf dem Lebenswege' gleichsam durchwandern müssen. Unsere Ausdrücke 'Gefahr', 'Fährnisse', 'gut oder übel wobei fahren' zeigen ganz dieselbe Anschauung ... Und ebenso geht das alte faran wenigstens in einem Kompositum in die Bedeutung 'handeln' über: 'mit jemandem übel verfahren'.

Im Sinne von pati finden wir πράσσειν gebraucht Pind. O. 8, 73 Αΐδα τοι λάθεται ἄρμενα πράξας ἀνήρ („des Hades vergisst ein Mann, der Glück erfuhr"). P. 8, 52 τὸν ἀρείονος ἐνέπεται ὄρνιχος ἀγγελίᾳ Ἄδραστος ἥρως· τὸ δὲ οἴκοθεν ἀντία πράξει („was aber seine Familie betrifft, so wird er das Gegenteil, d. h. Schlimmes, erleben"). Aesch. Sept. 324 und 326 τί; τὸν φθίμενον γὰρ προλέγω βέλτερα τῶνδε πράσσειν (der Tod ist kein solches Leiden), πολλὰ γάρ, εὖτε πόλις δαμασθῇ, ... δυστυχῆ τε πράσσει. Ag. 1444 ἄτιμα δ' οὐκ ἐπράξάτην. Pers. 729 καὶ τί δὴ πράξασιν αὐτοῖς ὧδ' ἐπιστενάζετε; das treffendste Beispiel aber ist das von Schmidt a. a. O. 409 gegebene: Eur. Herc. fur. 727 προσδόκα δὲ δρῶν κακῶς κακόν τι πράξειν. πράσσειν musste doch auch in der Bedeutung „pati" festgewurzelt sein, sonst könnte es nicht zu einem Wort, von dem es in der andern Bedeutung „thun, handeln" ein Synonymon ist, hier den Gegensatz bilden. Sonst steht in dieser sprichwörtlichen Redensart gewöhnlich πάσχειν, z. B. Aesch. Ch. 312 δράσαντι παθεῖν, τριγέρων μῦθος τάδε φωνεῖ. fr. 282 Pind δράσαντι γάρ τοι καὶ παθεῖν ὀφείλεται.

In dieser Bedeutung liegt auch der Schlüssel zur Erklärung des intransitiven Gebrauchs von πράσσειν „sich befinden, in einem gewissen Zustande sein": εὖ πράσσειν ist unser „gut" oder „wohl fahren", εὐπραγία „Wohlfahrt". Dieser Gebrauch ist schon bei Pindar und Aeschylus häufig; z. B. P. 2, 73 ὁ δὲ Ῥαδάμανθυς εὖ πέπραγεν. Pers. 216 κακῶς δὲ πράξας. Ag. 1287 εἶδον Ἰλίου πόλιν πράξασαν ἃς ἔπραξεν.

Die Bedeutungsentwicklung von πράσσειν (πρήσσειν) ist also in der Hauptsache folgende:

Grundbedeutung:
„einen Raum durchmessen, durchfahren".

Übertragung:

1) „vollenden, zu stande bringen", sich entwickelnd aus der Verbindung mit κέλευθον u. A.	2) „durchmachen, erfahren, erleben". Intransitiv: „sich befinden, (wohl oder übel) fahren".

abschwächende Erweiterung:
„thun, handeln".

προέχω

kommt bei Homer nur im eigentlichen Sinne vor (z. B. X 97 πύργῳ ἔπι προὔχοντι an den vorspringenden Turm. Ψ 453 ἵππον — προὔχοντα das einen Vorsprung hat.); übertragen, wie später so oft, finden wir es zuerst im Hymnus auf Demeter v. 151 ἀνέρας, οἷσιν ἔπεστι μέγα κράτος ἐνθάδε τιμῆς, δήμου τε προέχουσιν (die den Vorrang im Volke haben).

σκαιός

(scaevus) ist neben λαιός (laevus) im Griechischen das eigentliche Wort für „links". Da aber die linke Seite dem Griechen für unglückbedeutend galt, so stand er allmählich davon ab, dieselbe bei ihrem rechten Namen zu nennen: die ursprünglichen Bezeichnungen kamen ab und wurden durch die Euphemismen ἀριστερός (von ἄριστος) und εὐώνυμος ersetzt (Hesych. unter σκαιῇ: ἀριστερὰ καὶ εὐώνυμος κατ' εὐφημισμὸν λέγεται).

Schon bei Homer stehen 5 Beispielen von σκαιός [1]) 24 von ἀριστερός gegenüber; Aeschylus hat einmal (fr. 297) σκαιός, dreimal (Pr. 506. Sept. 872. Suppl. 199, wo das überlieferte συνωνύμων Auratus überzeugend in εὐωνύμων änderte) εὐώνυμος, das bei ihm in dieser Bedeutung zum erstenmal vorkommt (im eigentlichen Sinn zuerst Hes. Th. 409 γείνατο δ᾽ Ἀστερίην εὐώνυμον).

Σκαιός aber führte sein Dasein in zwei übertragenen Bedeutungen weiter. Da die linke Hand unbehilflicher ist als die rechte, so brauchte man σκαιός im Sinne von „ungeschickt, täppisch, ungebildet" (vgl. unser „linkisch"), und da die linke Seite bei Vorzeichen u. s. w. Unglück bedeutete, so konnte es für „verderblich, ungünstig, schädlich" stehen.

In der ersten Übertragung, in der σκαιός als Gegenteil dem übertragenen δεξιός entspricht, finden wir das Wort zuerst im 24. Fragment des Alkman: οὐκ εἶς ἀνὴρ ἄγροικος οὐδὲ σκαιός, wo das Synonymon zu beachten ist.

In der andern metaphorischen Bedeutung liegt σκαιός vor z. B. Hdt. III 53 φιλοτιμίη κτῆμα σκαιόν· μὴ τῷ κακῷ τὸ κακὸν ἰῶ. Sie scheint zum erstenmal vorzukommen in der Stelle Pind. O. 9, 104:

---

1) Α 501 und Φ 490 σκαιῇ · δεξιτερῇ δέ (am Versanfang, so auch Hes. Th. 179, also wohl eine alte Formel). Η 734 etwas modifiziert σκαιῇ ἔγχος ἔχων ἑτέρηφι δὲ λάζετο πέτρον. In der Nebenbedeutung „westlich", da sich der griechische Vogelschauer mit dem Gesicht gegen Norden kehrte — vgl. M 239 εἴ τ᾽ ἐπὶ δεξί᾽ ἴωσι (die Vögel) πρὸς ἠῶ τ᾽ ἠέλιόν τε, εἴ τ᾽ ἐπ᾽ ἀριστερὰ τοί γε ποτὶ ζόφον ἠερόεντα in dem Ausdruck Σκαιαὶ πύλαι (das „Westthor" von Ilion), der nur als Ein Beispiel gezählt wurde, obwohl er öfters vorkommt, und γ 295 ἔνθα Νότος μέγα κῦμα ποτὶ σκαιὸν ῥίον ὠθεῖ, wozu schol. Q. bemerkt οἱ μὲν τὸ δυτικόν, οἱ δὲ τὸ δεινὸν καὶ ἄγριον. Erstere Erklärung verdient den Vorzug, da σκαιός im übertragenen Sinne nachhomerisch zu sein scheint, doch ist die zweite nicht „sprachwidrig" (Döderlein, Hom. Gloss. I 240), denn σκαιός konnte recht wohl „schrecklich, verhängnisvoll" bedeuten.

τὸ δὲ φυᾷ κράτιστον ἅπαν· πολλοὶ δὲ διδακταῖς
ἀνθρώπων ἀρεταῖς κλέος
ὤρουσαν ἀρέσθαι.
ἄνευ δὲ θεοῦ σεσιγαμένον
οὐ σκαιότερον χρῆμ᾽ ἕκαστον.

Passow zitiert die Worte σεσιγαμένον — ἕκαστον und übersetzt: „Nicht geringer ist eine Sache, wenn sie auch verschwiegen bleibt". Dabei fehlt gerade die Hauptsache, das ἄνευ θεοῦ. Pindar preist das Angeborene, d. h. das von Gott in den Menschen Gelegte, im Gegensatz zu dem Angelernten, dem vom Menschen selbst Erreichten, mit dem auch viele Ruhm gewinnen möchten. Aber, fährt er fort, was nicht von Gott herrührt, nicht auf gottgegebener φυά beruht (τὸ ἄνευ θεοῦ χρῆμα) wird zu nicht grösserem Schaden verschwiegen (scil. als gepriesen), d. h. es bleibt ohne Schaden verschwiegen. Offenbar dieselbe Auffassung hat Mezger, wenn er erklärt: „Das Angelernte verliert nichts, wenn man nicht davon redet, weil es ohnedies keinen wahren Wert hat".

συμβάλλω

kennt Homer nur in der sinnlichen Bedeutung „zusammenbringen" (z. B. E 774 ἧχι ῥοὰς Σιμόεις συμβάλλετον ἠδὲ Σκάμανδρος), intransitiv (und med.) „zusammentreffen" (z. B. Η 565 σύμβαλον — μάχεσθαι δεινὸν ἀύσαντες).

Auf geistige Thätigkeit übertragen heisst συμβάλλειν

1) „zusammenhalten", d. h. „vergleichen". Zuerst Heracl. fr. 42 ἀγνοεῖς ὅτι τὸ τοῦ Ἡρακλείτου εὖ ἔχει, ὡς ἄρα πιθήκων ὁ κάλλιστος αἰσχρὸς ἀνθρώπων γένει συμβάλλειν (wenn hier συμβ. nicht dem den Satz anführenden Platon zugehört).

2) „durch Zusammenhalten der Umstände schliessen, vermuten, erkennen". Zuerst Pind. N. 11, 33 συμβαλεῖν μὰν εὐμαρὲς ἦν τό τε Πεισάνδρου πάλαι αἷμ᾽ ἀπὸ Σπάρτας — καὶ παρ᾽ Ἰσμηνοῦ ῥοᾶν κεκραμένον ἐκ Μελανίπποιο μάτρωος. Bei Aeschylus ist συμβάλλειν in diesem Sinn nicht

erhalten, dagegen σύμβολον in der Bedeutung „Erkennungszeichen, Zeichen" Ag. 327 τέκμαρ τοιοῦτον σύμβολόν τέ σοι λέγω. 8 λαμπάδος τὸ σύμβολον das Feuerzeichen[1]); ferner εὐξύμβλητος und εὐξύμβολος „leicht zu erkennen, zu verstehen" Pr. 801 ἤδ' οὐκέτ' εὐξύμβλητος ἡ χρησμῳδία. Ch. 169 εὐξύμβολον τόδ' ἐστὶ παντὶ δοξάσαι.

Das medium συμβάλλεσθαι heisst oft „von dem Seinigen dazugeben, beisteuern" (zuerst mit poetischer Metapher Pind. J. 1, 59 Πρωτεσίλα, τὸ τεὸν δ' ἀνδρῶν Ἀχαιῶν ἐν Φυλάκᾳ τέμενος συμβάλλομαι „nenne ich dazu"). Übertragen im Sinn von „mithelfen, als Ursache beitragen" steht es zuerst Aesch. Ch. 1010 φόνον δὲ κηκὶς ξὺν χρόνῳ ξυμβάλλεται πολλὰς βαφὰς φθείρουσα τοῦ ποικίλματος „der Blutfleck hilft der Zeit mit an der Zerstörung vieler Farben des bunten Gewandes".

συνίημι

in seiner eigentlichen Bedeutung „schicke, bringe zusammen" findet sich bei Homer nur zweimal, und zwar nur in der Verbindung ξυνέηκε μάχεσθαι als Versschluss: das Wort scheint sich also in seiner Grundbedeutung nur in einer formelhaften Wendung, und nur an Einer Versstelle gehalten zu haben (vgl. oben πικρός). Die Stellen sind Λ 8 τίς τ'

---

1) σύμβολον in diesem Sinn auch bei Pindar O. 12, 7 σύμβολον δ' οὔ πώ τις ἐπιχθονίων πιστὸν ἀμφὶ πράξιος ἐσσομένας εὗρεν θεόθεν.
Ausserdem hat σύμβολον oft die von συμβάλλειν „begegnen" abgeleitete Bedeutung „Begegnung", und zwar einer als gutes oder böses Vorzeichen dienenden Begegnung. So ruft der kleine Hermes aus, wie er die Schildkröte erblickt: σύμβολον ἤδη μοι μέγ' ὀνήσιμον οὐκ ὀνοτάζω (h. Merc. 30). Archiloch. fr. 41 μετέρχομαί σε, σύμβολον ποιεύμενος (wo μετέρχομαι = προσέρχομαι). Dann übertragen „Vorzeichen" überhaupt, so Aesch. Ag. 150 τερατὰ τούτων — ξύμβολα κραίνει.
σύμβολος als subst. im Sinn von bedeutungsvoller Begegnung Pr. 503 εἰδόντας τε διακρίσεις ἐγνώρισ' αὐτοῖς ἐνοδίους τε συμβόλους.

ἂρ σφωε θεῶν ἔριδι ξυνέηκε μάχεσθαι; und *H* 210 ἀνέρας, οὕς τε Κρονίων θυμοβόρου ἔριδος μένεϊ ξυνέηκε μάχεσθαι [1]).

Im Bereiche meiner Untersuchung fand ich kein weiteres Beispiel der Grundbedeutung; von den Lexicis gibt Passow noch eine Stelle: Musae. 18 Ἔρως ἀμφοτέρης πτολίεσσιν ἕνα ξυνέηκεν ὀιστόν, wo ξυνιέναι die etwas veränderte, aber sinnliche Bedeutung „zugleich entsenden" hat. Dass sich aber aus der Sprache dieser späten Epiker für die lebendige Sprache der Zeit nichts schliessen lässt, ist bekannt; wir werden auch hier nur die künstliche Wiederbelebung eines längst abgestorbenen Gebrauchs vor uns haben. Wenn schliesslich Timon von Phlius in seinen Sillen schrieb τίς γὰρ τούσδ᾽ ὀλοῇ ἔριδι ξυνέηκε μάχεσθαι; (v. 9 Mull.), so ist dies nur eine parodierende Nachahmung von *Α* 8. Ich möchte deshalb, wenn auch mit Vorbehalt, das Wort ξυνιέναι hier mit einreihen als eines von denen, deren eigentliche Bedeutung schon in der älteren Gräcität von der übertragenen verdrängt worden ist.

Vereinzelt ist auch das Medium in der metaphorischen Bedeutung „sich verständigen" *N* 381 συνώμεθα — ἀμφὶ γάμῳ; davon συνημοσύνη (= συνθεσίη *B* 339) „Vertrag" *X* 261.

Schon bei Homer häufig ist dagegen ξυνιέναι in der Übertragung auf den Geist und die Sinne. Es bedeutet bei ihm „vernehmen" (z. B. *O* 442 ὣς φάθ᾽, ὁ δὲ ξυνέηκε. ο 391 σιγῇ νῦν ξυνίει „höre nun ruhig zu"), seltener „erkennen" *B* 182 = *Λ* 512 ὣς φάθ᾽, ὁ δὲ ξυνέηκε θεᾶς ὄπα φωνησάσης. Diese Übertragung auf die Abgrenzung ein-

---

1) Analog werden auch συμβάλλειν und συντελαύνειν vom feindlichen Aneinanderbringen, Zusammenhetzen gebraucht. *Γ* 70 αὐτὰρ ἔμ᾽ ἐν μέσσῳ καὶ ἀρηΐφιλον Μενέλαον συμβάλετ᾽ ἀμφ᾽ Ἑλένῃ καὶ κτήμασι πᾶσι μάχεσθαι. *Υ* 55 ὡς τοὺς ἀμφοτέρους μάκαρες θεοὶ ὀτρύνοντες σύμβαλον. — *Υ* 134 θεοὺς ἔριδι ξυνελάσσαι. ψ 394 θεοὺς ἔριδι ξυνελαύνετε. *Χ* 129 ἔριδι ξυνελαυνέμεν. σ 39 ἀλλὰ ξυνελάσσομεν ὦκα (den Odysseus und Iros).

zelner Bedeutungen innerhalb derselben können wir hier nicht weiter eingehen — beherrscht von Homer an das Wort. Sie muss schon lange vor ihm ganz geläufig gewesen sein, denn wir finden bei ihm nirgends mehr einen Zusatz wie θυμῷ als Vermittlung oder Stütze der Übertragung, wie bei dem metaphorisch synonymischen συντίθεμαι (z. B. *H* 44 σύνθετο θυμῷ βουλήν).

Die Metapher fasst Passow so auf: „In der übertragenen Bedeutung bezeichnet es das Zusammenbringen des äusseren objektiven Gegenstandes mit dem innern subjektiven Vermögen wahrzunehmen und zu erkennen". Dieser Gedanke ist aber doch zu abstrakt und philosophisch, als dass wir ihn als Grundlage einer Sprachmetapher annehmen könnten. Ich möchte vielmehr συνιέναι in Parallele setzen zu συμβάλλειν (s. o.) und συντίθεσθαι, welch letzteres bei Homer, ähnlich wie συνιέναι „vernehmen, aufmerken" heisst. Es handelt sich überall ursprünglich um ein Zusammenstellen, Zurechtlegen der von aussen zukommenden Eindrücke in den Sinnen oder im Geist oder in beiden zusammen, wie wir es auch bei ῥομᾶν fanden: vgl. Aesch. Sept. 25 ἐν ὠσὶ ῥομῶν καὶ φρεσὶν — χρησηρίους ὄρνιθας. Dass dieser Akt des Zusammenstellens der äusseren Eindrücke schon in dem homerischen συνιέναι kaum mehr empfunden wurde, ist um so weniger zu verwundern, als ja schon sehr früh die eigentliche Bedeutung des Wortes in den Hintergrund getreten sein muss. Der Fall ist sehr ähnlich dem oben besprochenen ῥομᾶν.

Interessant ist, dass auch σύνεσις, das sonst immer, ausgehend vom übertragenen συνιέναι, „Verstand, Einsicht" bedeutet (z. B. Pind. N. 7, 60 σύνεσιν — φρενῶν), an der einzigen homerischen Stelle, wo es vorkommt, noch die auf dem sinnlichen συνιέναι beruhende Bedeutung „Zusammentreffen, Vereinigung" hat: χ 515 ξύνεσίς τε δύω ποταμῶν ἐριδούπων (ähnlich vom Zusammenfluss wird auch συμβάλλειν gebraucht, *Λ* 453 χείμαρροι ποταμοὶ ἐς μισγάγκειαν συμβάλλετον ὄβριμον ὕδωρ. *E* 774 ἧχι ῥοὰς Σιμόεις συμβάλλετον ἰδὲ Σκάμανδρος).

σφάλλω

heisst ursprünglich „ich fälle, mache fallen oder straucheln", σφάλλομαι demgemäss „komme zu Falle, strauchle".

So Ψ 719 οὔτ' Ὀδυσεὺς δύνατο σφῆλαι οὔδει τε πελάσσαι (den Aias beim Ringkampf). ρ 464 οὐδ' ἄρα μιν σφῆλεν βέλος Ἀντινόοιο. Pind. O. 2, 89 ὅς Ἕκτορ' ἔσφαλε. Heracl. fr. 70 ἀνὴρ ὁκόταν μεθυσθῇ, ἄγεται ὑπὸ παιδὸς ἀνήβου σφαλλόμενος. — οὐδὸς ἀρισφαλής ρ 196 ist ein Weg, auf dem man leicht strauchelt oder fällt.

σφάλλειν und σφάλλεσθαι werden bekanntlich sehr häufig übertragen gebraucht, und zwar in zwei Bedeutungen:

1) „zu Schaden bringen, beschädigen" — „zu Schaden kommen, Unglück erleiden".

2) „in Irrtum bringen, täuschen" — „sich täuschen, irren".

Eine analoge Spaltung der metaphorischen Bedeutung haben wir bei ὀρθός gefunden, nämlich 1) „unversehrt, wohlerhalten", 2) „richtig, wahr".

Erstere Bedeutung finden wir zuerst, und zwar noch in voller Frische des Bildes, bei Pindar P. 8, 15 βία δὲ καὶ μεγάλαυχον ἔσφαλεν („hat zu Fall gebracht") ἐν χρόνῳ. J. 3, 53 καὶ κρέσσον' ἀνδρῶν χειρόνων ἔσφαλε τέχνᾳ καταμάρψαισ' (sc. τύχα), und Aeschylus fr 258 οὐ χρὴ ποδώκη τὸν τρόπον λίαν φορεῖν · σφαλεὶς γάρ (wer in seiner ποδωκείᾳ zu Falle kommt) οὐδεὶς εὖ βεβουλεῦσθαι δοκεῖ.

Letztere Bedeutung kommt zuerst vor Aesch. Eum. 720 ἦ καὶ πατήρ τι σφάλλεται βουλευμάτων πρωτοκτόνοισι προστροπαῖς Ἰξίονος: „Irrte auch etwa der Vater in seinen Entschlüssen, da er das Flehen des ersten Mörders Ixion erhörte?"

τέρας

Die Grundbedeutung von τέρας scheint „Stern" zu sein, da sich davon der Plural τέρεα „Sterne" (Σ 485:

ἐν μὲν γαῖαν ἔτευξ᾽, ἐν δ᾽ οὐρανόν, ἐν δὲ θάλασσαν
ἠέλιόν τ᾽ ἀκάμαντα σελήνην τε πλήθουσαν,
ἐν δὲ τὰ τείρεα πάντα, τά τ᾽ οὐρανὸς ἐστεφάνωται
Πληιάδας θ᾽ Ὑάδας τε τό τε σθένος Ὠρίωνος ...)
nicht wird trennen lassen; er weist auf eine Nebenform
τεῖρος hin¹). Auch nimmt Curtius (GZ.⁵ S. 206) einen etymologischen Zusammenhang zwischen τέρας und ἀ-στήρ an.
Darnach wäre als vorhomerische Bedeutungsentwicklung
von τέρας anzusetzen: 1) „Stern". — 2) Determiniert: „Stern
als gottgesandtes Zeichen" (bes. Meteor). — 3) Übertragen
und dadurch erweitert: „Vorzeichen" überhaupt.

Auf der letzten Stufe treffen wir das Wort bei Homer:
τέρας ist bei ihm eine Wundererscheinung, von Zeus her-
vorgerufen, um die Menschen auf etwas aufmerksam zu
machen, sie zu schrecken oder ihnen die Zukunft anzudeuten.
So der Regenbogen: P 548

ἥτε πορφυρέην ἶριν θνητοῖσι τανύσσῃ
Ζεὺς ἐξ οὐρανόθεν, τέρας ἔμμεναι ἢ πολέμοιο
ἢ καὶ χειμῶνος δυσθαλπέος ...,

das Meteor: Δ 76

οἷον δ᾽ ἀστέρα ἧκε Κρόνου πάις ἀγκυλομήτεω,
ἢ ναύτῃσι τέρας ἠὲ στρατῷ εὐρέι λαῶν,
λαμπρόν· τοῦ δέ τε πολλοὶ ἀπὸ σπινθῆρες ἵενται ...,

der Donner (ν 101 bittet Odysseus um ein τέρας, 103 don-
nert Zeus) u. s. f. So heisst E 742 das Gorgohaupt auf der
Aegis Διὸς τέρας αἰγιόχοιο, die Aegis selbst Α 4 πολέμοιο
τέρας als Schreckbild.

Später hat τέρας neben der homerischen Bedeutung
(z. B. Pind. O. 8, 41. fr. 107, 9, wo die Sonnenfinster-
nis ein πάγκοινον τέρας heisst. Aesch. Pr. 858 τέρας τ᾽
ἄπιστον, αἱ προσήγοροι δρύες) noch die weitere, durch
Übertragung entstandene Bedeutung einer wunderbaren,
besonders schreckhaften Naturerscheinung über-

---

1) Auf τέρας ist höchst wahrscheinlich das n. pr. Τειρεσίας
zurückzuführen, das also „Sterndeuter" oder, wenn τέρας, wie τέρας
auch allgemein „Vorzeichen" hiess, „Zeichendeuter" bedeutete.

haupt (auch ohne dass Zeus etwas damit bezweckt). Diese findet sich zuerst Hes. Th. 744 δεινόν τε καὶ ἀθανάτοισι θεοῖσι τοῦτο τέρας (der Ort, wo die Titanen gefesselt liegen) und h. Apoll. 302 δράκαιναν — ζατρεφέα, μεγάλην, τέρας („Ungetüm") ἄγριον, dann weiter bei Pindar: P. 1, 26 τέρας μὲν θαυμάσιον προσιδέσθαι, θαῦμα δὲ καὶ παρ' ἰδόντων (so mit Cobet für παρεόντων) ἀκοῦσαι (der Aetnaausbruch). O. 13, 73 heisst der von Pallas dem Bellerophontes geschenkte Zügel τέρας, fr. 87 die Insel Delos; ferner bei Aeschylus Pr. 368 δάιον τέρας — Τυφῶνα θοῦρον. 953 δυσμαχώτατον τέρας. Suppl. 579 τέρας (die in eine Kuh verwandelte Jo) δ' ἐθάμβουν. Ch. 546 ἔκπαγλον τέρας („Scheusal").

τέρπω.

Über den homerischen Gebrauch dieses Verbums hat Albert Fulda in seinen „Untersuchungen über die Sprache der homerischen Gedichte" (Duisburg 1865), die leider über den ersten Teil nicht hinausgekommen sind, bereits eingehend gehandelt (S. 78—92); ich folge seiner Darstellung in den wesentlichen Punkten.

Dass die Grundbedeutung des Wortes „sättigen" ist, beweist sowohl die Etymologie (vgl. Curtius, GZ. No. 240)[1]) als eine Anzahl homerischer Stellen, in denen es teils sinnlich, teils auf den Geist übertragen die Bedeutung „sättigen" hat. Wenn es z. B. ψ 344 ff. heisst:

ἡ δ' αὖτ' ἀλλ' ἐνόησε θεά, γλαυκῶπις Ἀθήνη.
ὁππότε δή ῥ' Ὀδυσῆα ἔλπετο ὃν κατὰ θυμὸν
εὐνῆς ἧς ἀλόχου ταρπήμεναι ἠδὲ καὶ ὕπνου,
αὐτίκ' ἀπ' Ὠκεανοῦ χρυσόθρονον ἠριγένειαν
ὦρσεν, ἵν' ἀνθρώποισι φόως φέροι —,

---
1) Skt. tarp satt werden, geniessen. Zd. trâf-anh Nahrung Lit. tarp-a Gedeihen, Wachstum.
Es sei hier bemerkt, dass die Bedeutung „sättigen", wenn sie auch in der griechischen Sprache früh abstarb, doch von der lexikographischen Forschung der späteren Zeiten nicht unerkannt blieb. Vgl. τεταρπῖσθαι · ἐμπλησθῆναι. τερφθῆναι Hesych.

so ist die Bedeutung „satt sein" für ταρπήμεναι unverkennbar, denn „erfreut sein" gibt keine treffende Zeitbestimmung. Ferner gehören unzweifelhaft hieher die Verbindungen mit γόος, z. B. τ 213 u. ö. ἡ δ' ἐπεὶ οὖν τάρφθη πολυδακρύτοιο γόοιο.

„Alle diese Stellen, in denen bestimmt die Bedeutung 'sättigen' nachzuweisen ist, haben zwei Merkmale gemeinsam:

1) Die vorkommenden Formen von τέρπω sind mediale oder passivische Aoristformen, die den indogermanischen Wurzelvokal a unverändert beibehalten haben.

2) Ist das Objekt ein Substantiv, steht es im Genitiv, d. h. dem Kasus, der zu einem Verbum des Füllens passt, nicht im Dativ, der bei den Verben des sich Freuens zu stehen pflegt".

Durch diese Merkmale ist bei einer weiteren Reihe von Stellen die Bedeutung „sättigen" gesichert (Λ 780 αὐτὰρ ἐπεὶ τάρπημεν ἐδητύος ἠδὲ ποτῆτος. Ω 3 τοὶ μὲν δόρποιο μέδοντο ὕπνου τε γλυκεροῦ ταρπήμεναι u. a. m.). Der Genitiv findet sich nur bei den alten Aoristformen mit α, doch werden diese auch anders konstruiert, so mit dem Partizip (δ 47 u. ö. αὐτὰρ ἐπεὶ τάρπησαν ὁρώμενοι ὀφθαλμοῖσιν) oder mit ὑπό (Ω 636 δ 295 ψ 255 ὕπνῳ ὕπο γλυκερῷ ταρπώμεθα κοιμηθέντες).

Die Formen mit ε dagegen haben die Bedeutung „erfreuen" und werden, wenn überhaupt mit einem Kasus (und nicht mit dem Partizip), mit dem Dativ konstruiert. So I 186 τὸν δ' εὗρον φρένα τερπόμενον φόρμιγγι λιγείῃ. α 107 πεσσοῖσι θυμὸν ἔτερπον. Beide Formen stehen in verschiedener Bedeutung und Konstruktion nebeneinander ψ 300

τὼ δ' ἐπεὶ οὖν φιλότητος ἐταρπήτην ἐρατεινῆς, τερπέσθην μύθοισι, πρὸς ἀλλήλους ἐνέποντες.

So ist also der Bedeutungsunterschied in unserem

Verbum schon durch lautliche Differenzierung bezeichnet [1]); doch kann dies nicht von Anfang an der Fall gewesen sein, sonst würden die Zusätze θυμόν, θυμῷ u. a., mit denen die ε-Formen bei Homer häufig verbunden auftreten, unerklärt bleiben. So aber sind diese Zusätze Überreste einer Zeit, in der man bei einer Verwendung von τέρπειν im übertragenen Sinne des Erfreuens ausdrücklich beifügen musste, dass es sich nicht um eine Sättigung des Magens, sondern des Geistes handle.

Freilich ist die Scheidung nicht ganz streng durchgeführt. Fulda nimmt für folgende Stellen trotz des Stammvokals α die Bedeutung „erfreuen" an: I 705 νῦν μὲν κοιμήσασθε τεταρπόμενοι φίλον ἦτορ σίτου καὶ οἴνοιο. α 310 ὄφρα λοεσσάμενός τε τεταρπόμενός τε φίλον κῆρ ... θ 292 δεῦρο, φίλη, λέκτρονδε· τραπείομεν εὐνηθέντες. ξ 244 μῆνα γὰρ οἶον ἔμεινα τεταρπόμενος τεκέεσσιν ...

Bei den beiden ersten Stellen dürfen wir ebensowenig von der Bedeutung „sättigen" abgehen, als wir bei den von Fulda selbst angeführten ähnlichen Stellen ξ 28 κρειῶν κορεσαίατο θυμόν. Χ 504 θαλέων ἐμπλησάμενος κῆρ. Τ 306 μή με πρὶν σίτοιο κελεύετε μηδὲ ποτῆτος ἄσασθαι φίλον ἦτορ u. a. für κορέννυσθαι, ἐμπίπλασθαι und ἄασθαι die Bedeutung „erfreuen" annehmen können. Allerdings denkt Homer weder an eine Anfüllung des Herzens mit Speise, noch ist θυμός, κῆρ u. s. w. der Appetit, die Esslust; diese Zusätze wollen nur ausdrücken, dass die Sättigung im Herzen angenehm verspürt wird: τετ. φίλ. ἦτ. ist mit einem Worte „erquickt", aber nicht „erfreut".

In θ 292 dagegen haben wir die Umgestaltung einer alten epischen Formel in einer jüngeren Zeit, welche die Grundbedeutung des Verbums kaum mehr im Bewusstsein hatte — die Episode von Ares und Aphrodite θ 266—369

---

[1] Curtius a. a. O. macht hiezu die Bemerkung: „Echt volkstümlich ist die Gemeinschaft der Begriffe sättigen, erfreuen, trösten, echt griechisch die Unterscheidung der beiden ersten durch besondere Lautverhältnisse".

gehört gewiss zu den spätesten Stücken der Odyssee —; die Formel lautete νῶϊ δ᾽ ἄγ᾽ ἐν φιλότητι τραπείομεν εὐνηθέντε Ξ 314 (wo natürlich ἐν φιλ. zu εὐν. gehört, vgl. 331. 360 ἐν φιλότητι — εὐνηθῆναι) oder Γ 441 ἀλλ᾽ ἄγε δὴ φιλότητι τραπείομεν εὐνηθέντε „lass uns, in Liebe gelagert, uns darin sättigen, sie auskosten". Der Dichter jener Episode dagegen verstand auch die alte α-Form vom Erfreuen, ausgehend vom Gebrauche seiner Zeit. Ebenso ist ξ 244 τεταρπόμενος zu erklären: der Dichter schob der alten reduplizierten Aoristform die Bedeutung unter, die τέρπεσθαι zu seiner Zeit hatte, und konstruierte sie auch demgemäss mit dem Dativ.

Andrerseits nimmt Fulda auch für einige ε-Formen die Bedeutung „sättigen" an. So δ 102; die Stelle lautet im Zusammenhang:

ἀλλ᾽ ἔμπης πάντας μὲν ὀδυρόμενος καὶ ἀχεύων
πολλάκις ἐν μεγάροισι καθήμενος ἡμετέροισιν
ἄλλοτε μέν τε γόῳ φρένα τέρπομαι, ἄλλοτε δ᾽ αὖτε
παύομαι · αἰψηρὸς δὲ κόρος κρυεροῖο γόοιο.

Aber die Dativkonstruktion verbietet uns, hier an „sättigen" zu denken, γόῳ φρένα τέρπομαι heisst vielmehr „ich erleichtere mir das Herz durch die Klage", „es thut mir wohl zu klagen": αἰψ. δὲ κόρος κρ. γ. will nur die beständige Abwechslung, das ἄλλοτε — ἄλλοτε, erklären. Dagegen müssen wir die Bedeutung „sättigen" konstatieren δ 194 οὐ γὰρ ἐγώ γε τέρπομ᾽ ὀδυρόμενος μεταδόρπιος, ἀλλὰ καὶ ἠὼς ἔσσεται ἠριγένεια, dem Sinne nach: „Hören wir auf mit dem Jammern, denn heute werde ich doch daran nicht mehr satt, da es schon Abend ist; aber morgen ist ja auch noch ein Tag".

Fulda macht noch darauf aufmerksam, dass Zusätze wie θυμόν, φρένα mit der Erstarkung der metaphorischen Bedeutung „erfreuen" immer seltner werden: in der Ilias finden sich 16, in der Odyssee 28 Stellen ohne dieselben.

Im ganzen dürfen wir sagen, dass die alte Bedeutung „sättigen", sinnlich gebraucht oder übertragen, an den alten

Aoristformen mit α haftet und dass mit diesen auch jene verschwindet. Ich fand im Bereiche meiner Untersuchung keine derartige Form mehr, also auch nirgends mehr die alte Bedeutung, obwohl τέρπειν nicht selten vorkommt (bei Hesiod z. B. zehnmal). Dem entsprechend verschwindet nach Homer auch vollständig die Konstruktion mit dem Genitiv, die nur zum Begriff des Anfüllens passt. Die jüngere Bedeutung „erfreuen" liegt auch allen Ableitungen und Zusammensetzungen zu grunde, von denen bei Homer τερπνός, τερπωλή, τερψίμβροτος, ἀτερπής und ποτιτέρπω vorkommen.

τόκος

kennt Homer nur in der eigentlichen Bedeutung „Gebären" (so P 5 μήτηρ πρωτοτόκος, οὐ πρὶν εἰδυῖα τόκοιο) und „Geborenes, Nachkommenschaft" (z. B. O 141 ἀργαλέον δὲ πάντων ἀνθρώπων ῥῆσθαι γενεήν τε τόκον τε).

In der übertragenen Bedeutung „Zins" findet sich τόκος zuerst bei Pindar, und zwar wieder in poetischer Übertragung. Am Eingang der 10. olympischen Ode vergleicht er ein lange versprochenes Gedicht mit einer lange geschuldeten, stark angewachsenen Summe und sagt dann v. 9: ὅμως δὲ λῦσαι δυνατὸς ὀξεῖαν ἐπιμομφὰν τόκος · ὁρᾶτ᾽ ὧν νῦν — ὅπα τε κοινὸν λόγον φίλαν τίσομεν ἐς χάριν.

τραχύς

(ep. τρηχύς) gebraucht Homer nur im eigentlichen Sinn von rauhen, felsigen Wegen und Landstrichen, z. B. ν 242 τρηχεῖα καὶ οὐχ ἱππήλατός ἐστιν (Ithaka). ξ 1 τρηχεῖαν ἀταρπόν.

Übertragen steht es zuerst im Schild des Herakles v. 119 οὐκέτι τηλοῦ ὑσμίνη τρηχεῖα („das rauhe, wilde Kampfgetümmel"). Wenn es dagegen Tyrt. fr. 12, 22 heisst αἶψα δὲ δυσμενέων ἀνδρῶν ἔτρεψε φάλαγγας τρηχείας oder Pind. P. 1, 10 τραχεῖαν ἀνευθε λιπών ἐγχέων ἀκμάν, so ist das Wort im eigentlichen Sinn gebraucht und etwa mit „starrend" wiederzugeben; den Dichtern mögen homerische Stellen vorgeschwebt haben wie N 339 ἔφριξεν δὲ μάχη φθισίμβροτος ἐγχείησιν. Δ 282 φάλαγγες κυάνεαι, σάκεσίν τε καὶ ἔγχεσι πεφρικυῖαι. Η 62 στίχες — ἔγχεσι πεφρικυῖαι. Dagegen wird τραχύς in den Stellen Sim. C. fr. 89, 4 τρηχεῖαν πολέμου — νεφέλην und Pind. J. 3, 35 τραχεῖα νιφὰς πολέμοιο metaphorisch zu fassen sein.

Aus einem bisher nur teilweise bekannten Solonfragment der neugefundenen Ἀθην. πολ. des Aristoteles (p. 30 Kenyon) ist anzuführen καί με κωτίλλοντα λείως τραχὺν ἐκφανεῖν νόον, aus Pindar N. 4, 96 μαλακὰ μὲν φρονέων ἐσλοῖς, τραχὺς δὲ παλιγκότοις ἔφεδρος. P. 4, 140 τραχεῖαν — ἐπίβδαν (Katzenjammer). 8, 10. N. 7, 76, aus Aeschylus Pr. 35 ἅπας δὲ τραχύς, ὅστις ἂν νέον κρατῇ. 202 τραχύς, Gegens. 204 μαλακογνώμων. 327. 340. Ag. 1421 δικαστὴς τραχύς εἶ. Sept. 1035 sagt der Herold τραχύς γε μέντοι δῆμος ἐκφυγὼν κακά. Antigone, die von diesem Einwurf nichts wissen will, antwortet τραχὺν, ἄθαπτος δ' οὗτος οὐ γενήσεται „Nenne immerzu das Volk τραχύς, dieser wird nicht unbestattet bleiben". τραχύτης übertragen Pr. 80 ὀργῆς τε τραχύτητα.

ὑπερβάλλω,

unser „übertreffe", kommt bei Homer noch nicht übertragen vor (eigentlich Ψ 637 δουρὶ δ' ὑπειρέβαλον Φυλῆά τε καὶ Πολύδωρον. 843 ὑπέρβαλε σήματα πάντων. 847), während die gleichbedeutenden Verba προβάλλομαι (vgl. unser „vortrefflich") und περιβάλλω sich so finden (Τ 218 ἐγὼ δέ κε σεῖο νοήματί γε προβαλοίμην. Ψ 276 ἴστε γάρ, ὅσσον ἐμοὶ ἀρετῇ περιβάλλετον ἵπποι. ο 17).

In der übertragenen Bedeutung „übertreffen" findet sich ὑπερβάλλειν zuerst Pind. fr. 33 ἄτακτα τῶν πάντων ὑπερβάλλοντα χρόνον μακάρων und Aesch. Pr. 955 βροντῆς δ' ὑπερβάλλοντα καρτερὸν κτύπον.

In der andern übertragenen Bedeutung „das Mass überschreiten" kommt es zuerst vor Theogn. 479 ὃς δ' ἂν ὑπερβάλλῃ πόσιος μέτρον (484 μὴ πῖν' οἶνον ὑπερβολάδην „im Übermass"), Pind. N. 7, 66 ἔν τε δαμόταις ὄμματι δέρκομαι λαμπρόν, οὐχ ὑπερβαλών ("ohne mich zu überheben") und Aesch. Pers. 294 ὑπερβάλλει γὰρ ἥδε συμφορά, τὸ μήτε λέξαι μήτ' ἐρωτῆσαι πάθη.

φέρω

kommt metaphorisch im Sinn unseres „ertragen" neben dem in der sinnlichen Grundbedeutung nicht mehr nachweisbaren τλῆναι (W. tal, lat. tuli, tollo Curtius GZ. No. 236) bei Homer erst später und ganz vereinzelt auf: σ 135 ἀλλ' ὅτε δὴ καὶ λυγρὰ θεοὶ μάκαρες τελέσωσιν, καὶ τὰ φέρει ἀεκαζόμενος τετληότι θυμῷ.

Die Übertragung ist schon bei Hesiod häufiger: Op. 215 ὕβρις γάρ τε κακὴ δειλῷ βροτῷ · οὐδὲ μὲν ἐσθλὸς ῥηϊδίως φερέμεν δύναται, βαρύθει δέ θ' ὑπ' αὐτῆς. 762 φήμη γάρ τε κακὴ πέλεται κούφη μὲν ἀεῖραι ῥεῖα μάλ', ἀργαλέη δὲ φέρειν, χαλεπὴ δ' ἀποθέσθαι, und später sehr gewöhnlich; so findet sie sich Sol. fr. 4, 26 καὶ κακὰ δουλοσύνης στυγνὰ φέρουσι βίᾳ, Theogn. 388 αἴσχεα πολλὰ φέρειν. 658 ἐπεὶ ἔστ' ἀνδρὸς πάντα φέρειν ἀγαθοῦ u. ö., bei Pindar z. B. P. 3, 82 τὰ μὲν ὦν (πήματα) οὐ δύνανται νήπιοι κόσμῳ φέρειν, bei Aeschylus z. B. Pr. 104 τὴν πεπρωμένην δὲ χρὴ αἶσαν φέρειν ὡς ῥᾷστα. Pers. 296 ὅπως δ' ἀνάγκῃ πημονὰς βροτοῖς φέρειν θεῶν διδόντων.

φεύγω

unpersönlich und übertragen in der Bedeutung „fugit me, es entgeht mir" kommt erst bei Aeschylus vor: Suppl. 465 ἤκουσα καὶ λέγοις ἄν · οὔ με φεύξεται. Ag. 280 ruft der Chor bei der Nachricht von der Einnahme Ilions aus: πῶς φής; πέφευγε τοὔπος ἐξ ἀπιστίας. Üblicher in dieser Übertragung ist allerdings das comp. διαφεύγω. ἐκφεύγω so gebraucht findet sich Epicharm. v. 297 Mull. οὐδὲν ἐκφεύγει τὸ θεῖον — αὐτὸς ἔσθ' ἁμῶν ἐπόπτας, ἀδυνατεῖ δ' οὐδὲν θεός.

In der attischen Gerichtssprache bedeutet φεύγειν metaphorisch:

1) „angeklagt sein" — als Gegensatz zu διώκειν „anklagen, gerichtlich verfolgen"[1]).

2) „freigesprochen werden" (eig. „davonkommen") — als Gegensatz zu ἁλίσκεσθαι „überführt, verurteilt werden".

In letzterem Sinn steht φεύγειν Aesch. Eum. 655 πῶς γὰρ τὸ φεύγειν τοῦδ᾽ ὑπερδικεῖς ὅρα „sieh zu, wie du für die Freisprechung dieses da eintrittst", ἐκφεύγειν ebd. 755 ἀνὴρ ὅδ᾽ ἐκπέφευγεν αἵματος δίκην· ἴσον γάρ ἐστι τἀρίθμημα τῶν πάλων. Gebräuchlicher scheint in diesem Sinn das comp. ἀποφεύγειν gewesen zu sein; vgl. Hdt. II 174 πολλὰ μὲν δὴ καὶ ἡλίσκετο ὑπὸ τῶν μαντηίων (Orakel), πολλὰ δὲ καὶ ἀπέφευγε.

Aesch. Suppl. 392 ff. sagt der König von Argos zu den Danaiden, die von den Söhnen des Aigyptos verfolgt bei ihm Schutz suchen:

εἴ τοι κρατοῦσι παῖδες Αἰγύπτου σέθεν
νόμῳ πόλεως, φάσκοντες ἐγγύτατα γένους
εἶναι, τίς ἂν τοῖσδ᾽ ἀντιωθῆναι θέλοι;
δεῖ τοί σε φεύγειν κατὰ νόμους τοὺς οἴκοθεν,
ὡς οὐκ ἔχουσιν κῦρος οὐδὲν ἀμφὶ σοῦ.

---

[1]) Nach Passow wäre dieser Gebrauch daraus zu erklären, dass „der Beklagte das Recht hatte, sich dem Endurteil durch freiwillige Verbannung zu entziehen"; das müsste aber doch die faktische Regel gewesen sein, wenn φεύγειν daher zu der Bedeutung „sich im Anklagezustand befinden" kommen sollte.

Die andere Bedeutung „freigesprochen werden", die Aesch. Eum. 655 unzweifelhaft vorliegt, ist weder bei Passow, noch bei Pape erwähnt. Demgemäss sagt Schmidt in der Synon. d. gr. Spr. III 245: „Während δίκην etc. φεύγειν 'angeklagt werden' heisst, bedeutet δίκην etc. ἀποφεύγειν u. s. w. 'in einem Rechtsstreite freikommen' d. i. freigesprochen werden".

Auch die interessante Stelle Suppl. 395 wird sowohl von Passow als von Pape übergangen; letzterer sagt nur im Allgemeinen: „Auch einer Anklage zu entrinnen suchen, sich vor Gericht verteidigen", bringt aber keine Belege dafür bei.

φεύγειν kann hier nur bedeuten „sich verteidigen in einer Rechtsfrage"; die Ankläger sind die Söhne des Aigyptos, die die Flucht der Danaiden als einen Rechtsbruch ansehen. Man vergl., was der König weiter v. 402 sagt: οὐκ εὔκριτον τὸ κρῖμα · μή μ' αἱροῦ κριτήν. Der Bedeutungsübergang von „angeklagt sein" zu „als Angeklagter sich verteidigen" hat nichts Auffallendes, ebensowenig, dass φεύγειν in der letzteren Bedeutung nach Analogie der verba declarandi hier mit ὡς konstruiert wird. Die Stelle ist also zu übersetzen: „Du musst dich nach den bei dir zuhause üblichen Gesetzen verteidigen (aus ihnen den Beweis erbringen), dass sie kein Recht auf dich haben" und die Aenderungen von σε φεύγειν in σε φαίνειν (Canter) oder σ' ἐγεύρεῖν (Hartung) zurückzuweisen.

φράζω.

Aristarch hat, seinem Grundsatze gemäss, Homer aus sich selbst zu verstehen, für eine ganze Reihe von Wörtern, die im Laufe der Zeit ihre Bedeutung geändert hatten, die alte homerische Bedeutung wieder zu ermitteln gesucht (vgl. das Kap. De Aristarchea vocabulorum Homericorum interpretatione in dem öfter zitierten Buch von Lehrs).

So hat er auch darauf hingewiesen, dass φράζειν bei Homer niemals einfach „sagen", sondern nur „anzeigen" bedeutet (Lehrs: φράζω nunquam est dico, sed indico. Apollon. Lex. Hom. s. πεφράδοι: τοῦ Ἀριστάρχου σεσημειωμένου ὅτι τὸ φράσαι οὐδέποτε ἐπὶ τοῦ εἰπεῖν τάσσεται).

Es ist auffallend, dass er nicht noch einen Schritt weiter that und in dem rein sinnlichen „Zeigen" die Grundbedeutung des Worts erkannte. Dass er hieran nicht dachte, zeigt seine Kritik von Ξ 500. Peneleos hat das abgehauene Haupt eines Troers an seine Lanze gespiesst und zeigt es höhnend den Feinden: ὁ δὲ φῆ κώδειαν („wie einen Mohnkopf") ἀνασχὼν | πέφραδέ τε Τρώεσσι καὶ εὐχόμενος ἔπος ηὔδα. Aristarch strich letzteren Vers, weil φράζειν bei Homer nicht einfach εἰπεῖν bedeuten könne; dass es hier eben δεικνύναι bedeute, kam ihm nicht in den Sinn. Zugleich wollte er die in dem vorhergehenden Vers stehende Partikel φή = ὡς ebensowenig anerkennen wie in B 144 κινήθη δ' ἀγορὴ φὴ κύματα μακρὰ θαλάσσης; er behauptete kurzweg οὐδέποτε Ὅμηρος τὸ φή ἀντὶ τοῦ ὡς ἔταχεν, und wenn sich φή für ὡς auch bei Antimachos fand, so vermutete er, dass dieser das Wort aus einem Misverständnis der Homerstelle erst gebildet hätte; in Ξ 499 sei φῖ = ἔφη zu lesen und ein „wie" zu κώδειαν hinzuzudenken (vgl. Lehrs Ar.³ p. 84 f.).

Diesmal hat die moderne Kritik dem Aristarch Unrecht gegeben; es ist in der That alles in Ordnung, wenn man φή, das Antimachos doch sicher nicht aus der Luft griff und ebensowenig in grobem Unverständnis der Homerstelle bildete, anerkennt und φράζειν in der sinnlichen Bedeutung „zeigen" fasst. „Er aber hielt es (das Haupt) wie einen Mohnkopf in die Höhe und zeigte es den Troern".

„Zeigen" ist also die Grundbedeutung von φράζειν [1]). „Verba des Sagens gehen mehrfach aus denen

---

1) Irrig Schmidt, Synon. d. gr. Spr. 1 60: „Auch schon bei Homer bedeutet φράζειν nie ein äusserliches Zeigen, z. B. mit dem Finger, was die Grundbedeutung von δεικνύναι ist, sondern stets ein Zeigen oder Kenntlichmachen mit Worten".

Die Grundbedeutung von φράζειν ignorierten Christ, der das Wort aus skt. pra-vad vorher- oder heraussagen ableitete (Curt. GZ.⁵ S. 110) und Goebel, der es aus einer W. φρα hauchen = tönen hervorgehen lässt (Lexilogus I 569) und hinzufügt: „Es war eine unbegründete Aufstellung von Aristarch, dass φράζω bei Homer nirgends 'sagen' bedeute. Um diese wunderliche Ansicht aufrecht zu erhalten, musste z. B. Ξ 500 mit einem Obelos verdächtigt werden, musste man an andern Stellen, wie α 273, sich in wunderlicher Weise winden und drehen, um nur an dem Ausdruck 'sagen' vorbeizukommen. Nach Aristarch soll φράζειν bei Homer stets 'indicare, anzeigen, angeben' bedeuten, als ob das nicht ebenfalls auf den Begriff sagen, sprechen schliesslich hinausliefe. Auf alle Fälle bedeutet bei nachhomerischen Schriftstellern φράζω ganz unbeanstandet 'sagen'". Auf diese Bemerkungen im Einzelnen eindes Zeigens hervor, so φά-ναι aus W. φα (φαίνω), dicere aus W. dik δείκνυμι, φράζειν, das noch bei Homer zeigen bedeutet" (Curtius GZ.⁵ S. 115). Vgl. auch oben δείκνυμι, bes. die Stelle Hes. Op. 502.

Die Stelle Ξ 500 ist aber nicht der einzige Beleg für die sinnliche Grundbedeutung von φράζειν; sie liegt unzweifelhaft auch vor η 49 οὗτος δή τοι, ξεῖνε πάτερ, δόμος, ὃν με κελεύεις | πεφραδέμεν (Worte der in ein Phäakenmädchen verwandelten Athene, nachdem sie vorher auf Odysseus' Bitte v. 22 ὦ τέκος, οὐκ ἄν μοι δόμον ἀνέρος ἡγήσαιο; geantwortet hatte v. 28 τοίγαρ ἐγώ τοι, ξεῖνε πάτερ, δόμον ὃν με κελεύεις | δείξω; φράζω entspricht also genau dem δείκνυμι).

Im Aphroditehymnus v. 128 αὐτὰρ ἐπεὶ δὴ δεῖξε καὶ ἔφρασεν geht δ. wohl auf das Hindeuten mit der Hand, φρ. auf die dazu gegebene Erklärung; dagegen liegt die sinnliche Bedeutung wieder vollkommen klar vor bei Hesiod Th. 162, wo es von Gaia heisst:

αἶψα δὲ ποιήσασα γένος πολιοῦ ἀδάμαντος
τεῦξε μέγα δρέπανον καὶ ἐπέφραδε παισὶ φίλοισιν.
εἶπε δὲ θαρσύνουσα, φίλον τετιημένη ἦτορ· ...

Gaia „machte eine grosse Sichel und zeigte sie ihren lieben Söhnen".

Bei Pindar P. 4, 117 λευκίππων δὲ δόμους πατέρων, κεδνοὶ πολῖται, φράσσατέ μοι σαφέως wird φράζειν wohl vom Zeigen mit Worten zu verstehen sein; wenigstens passt hiezu besser σαφέως „deutlich".

Die sinnliche Grundbedeutung von φράζω ist also durch die drei Stellen Ξ 500. η 49. Hes. Th. 162 vollständig gesichert. Wir finden sie wieder in dem einmal bei Aeschylus vorkommenden φράστωρ „Wegweiser", das sonst nur als Eigenname auftritt: Suppl. 501 ὀπάονας δὲ φράστοράς τ' ἐγχωρίων ξύμπεμψον („gib uns von den Einheimischen Begleiter und Wegweiser mit"), ὡς ἂν τῶν πολισσούχων θεῶν

---

zugehen dürfte nach den oben gegebenen Ausführungen überflüssig sein. Über α 273 vgl. S. 108 unten.

βωμούς προνάους — εὕρωμεν. Dafür steht sonst φραστήρ (mit ὁδῶν z. B. Xen. Cyr. V 4, 40).

Dass φράζειν übertragen zunächst weiter nichts heisst als „andeuten, anzeigen, kundthun", geht schon daraus hervor, dass die vermittelnden Zeichen, wodurch dies geschieht, durchaus nicht Worte zu sein brauchen. So sind es Blicke und Winke τ 477:

ἦ καὶ Πηνελόπειαν ἐσέδρακεν ὀφθαλμοῖσιν,
πεφραδέειν ἐθέλουσα φίλον πόσιν ἔνδον ἐόντα.

Subjekt ist die alte Wärterin, die eben Odysseus an der Narbe erkannt hat und nun Penelope durch Blicke und Winke auf ihn aufmerksam machen möchte. Zeichen mit der Hand sind das Mittel der Mitteilung bei Aesch. Ag. 1045, wo Klytaimestra zu der schweigenden Kassandra sagt:

εἰ δ' ἀξυνήμων οὖσα μὴ δέχῃ λόγον,
σὺ δ' ἀντὶ φωνῆς φράζε καρβάνῳ χερί.

und Hdt. IV 113 καὶ φωνῆσαι μὲν οὐκ εἶχε (οὐ γὰρ συνίεσαν ἀλλήλων), τῇ δὲ χειρὶ ἔφραζε ἐς τὴν ὑστεραίην ἐλθεῖν ἐς τωὐτὸ χωρίον.

In den meisten Fällen bestehen natürlich die Zeichen in Worten, als dem Hauptmittel menschlicher Mitteilung. φράζειν kann so gebraucht wiedergegeben werden durch „angeben, bezeichnen" (so x 111 πατρὸς ἐπέφραδεν ὑψερεφὲς δῶ. λ 22. α 444 βούλευε φρεσὶν ᾗσιν ὁδόν, τὴν πέφραδ' Ἀθήνη. ξ 3 χῶρον ἄν' ὑλήεντα —, ᾗ οἱ Ἀθήνη πέφραδε δῖον ὑφορβόν. τ 250 σήματ' ἀναγνούσῃ, τά οἱ ἔμπεδα πέφραδ' Ὀδυσσεύς), „anzeigen, mitteilen" (Ξ 335 πῶς κ' ἔοι, εἴ τις νῶι θεῶν — εὕδοντ' ἀθρήσειε, θεοῖσι δὲ πᾶσι μετελθὼν πεφράδοι; Λ 795. Η 51. Hes. fr. 125 τῷ μὲν ἄρ' ἦλθε κόραξ, φράσσεν δ' ἄρα ἔργ' ἀΐδηλα Φοίβῳ ἀκερσεκόμῃ). „kundthun, offenbaren" (α 273 αὔριον εἰς ἀγορὴν καλέσας ἥρωας Ἀχαιοὺς μῦθον πέφραδε πᾶσι, wozu Lehrs a. a. O. passend vergleicht ἔπος πάντεσσι πιφαύσκων χ 131. θ 142), „lehren" (h. Cer. 477 δεῖξεν Τριπτολέμῳ δρησμοσύνην θ' ἱερῶν καὶ ἐπέφραδεν ὄργια καλά. Synonym noch 484 ὑπεθήκατο. h. Merc. 442 ἔφρασε θέσπιν ἀοιδήν).

Besondere Erwähnung verdient der Gebrauch von φράζειν bei Befehlen und Aufträgen. Ein energisches Hinweisen mit der Hand auf einen Gegenstand kann auch ohne Worte den Willen ausdrücken; wir haben ganz dieselbe Anschauung, wenn wir sagen „einem etwas bedeuten" oder „einen anweisen, etwas zu thun". Dieser Gebrauch von φράζειν ist schon homerisch: K 127 ἵνα γάρ σφιν ἐπέφραδον ἠγερέθεσθαι („dort bedeutete ich ihnen sich zu versammeln"). Ψ 138 οἱ δ' ὅτε χῶρον ἵκανον, ὅθι σφίσι πέφραδ' Ἀχιλλεύς (sc. καταθεῖναι), κάτθεσαν.

Wenn ich jemand mit der Hand auf etwas hinweise, so kann das auch bedeuten, dass ihm das gehören soll. Daher sagen wir „zuweisen, anweisen" = „bestimmen für jemand". In demselben Sinn ist φράζειν gebraucht Hes. Th. 74, wo es von Zeus heisst: εὖ δὲ ἕκαστα ἀθανάτοις διέταξεν ὁμῶς καὶ ἐπέφραδε τιμάς. Bei Göttling-Flach wird ἐπέφραδε als Aorist von ἐπιφράζω erklärt, das man offenbar im Sinn unseres „zusprechen" auffasste; dazu wird unpassend Hdt. I 179 angeführt, wo ἐπιφρ. „noch dazu sagen" bedeutet: δεῖ δή με πρὸς τούτοισι ἐπιφράσαι (Abicht hat ἔτι φράσαι). Es ist vielmehr, wie auch Sittl z. d. St. bemerkt, der in der epischen Sprache so häufige Aorist von φράζω (mit Reduplikation und Augment), und φράζειν ist hier genau unser „zuweisen". Wir sehen hier wieder, wie sehr so manche Stelle an Frische und Anschaulichkeit gewinnt, wenn man die Wörter von ihrer Grundbedeutung aus betrachtet.

Wir haben gefunden, dass bei Homer und Hesiod der übertragene Gebrauch von φράζειν noch ganz von dem deutlichen Bewusstsein der Grundbedeutung „zeigen, weisen" beherrscht ist, ähnlich wie wir dies oben bei λέγειν sahen. Und wie bei λέγειν, so tritt auch hier, wenn auch nicht in demselben Umfange, allmählich eine Erweiterung und damit eine Verflachung des Wortbegriffs ein; in beiden Fällen hängt dies mit dem Absterben der sinnlichen Grundbedeutung zusammen. Aristarch muss die Bedeutung „anzeigen", die nicht einmal die ursprüngliche ist, erst wieder entdecken.

Bis auf Aeschylus sind Fälle, in denen φράζειν nicht mehr bedeutet als „sagen", ganz selten. Ich führe an Pind. O. 2, 66 τὰ δ' ἐν τᾷδε Διὸς ἀρχᾷ ἀλιτρὰ κατὰ γᾶς δικάζει τις ἐχθρᾷ λόγον φράσαις („den Spruch sagend, thuend") ἀνάγκᾳ. Aesch. Ch. 120, wo der Chor, nachdem Elektra gefragt hatte πότερα δικαστὴν ἢ δικηφόρον λέγω; (so mit Weil für λέγεις), antwortet ἁπλῶς τι φράζουσ', ὅστις ἀνταποκτενεῖ („einfach etwa sagend, dich ausdrückend: der Vergelter". Meineke vermutete ἁπλῶς τιμαύσκουσ').

Am meisten kommt daneben die Grundbedeutung zur Geltung, wo φράζειν von Befehlen und Aufforderungen steht. So Ag. 241 φράσεν δ' ἀόζοις πατὴρ (Agamemnon) — λαβεῖν (Iphigeneia), wo wir durchaus nicht an Worte zu denken brauchen; ein Wink genügte. Eum. 626 Ζεὺς — τόνδε χρησμὸν ὤπασεν φράζειν („aufzufordern") Ὀρέστῃ τῷδε, τὸν πατρὸς φόνον πράξαντα μητρὸς μηδαμοῦ τιμὰς νέμειν.

Wir müssen nun noch einen Blick auf das Medium φράζομαι werfen, dessen Gebrauch schon bei Homer überaus beliebt ist, das aber mit Ausnahme Herodots in Prosa nicht vorzukommen scheint. φράζεσθαι heisst ursprünglich „sich etwas zeigen". Damit ist schon ausgesprochen, dass es nicht einfach den äusseren Akt des Sehens ohne thätigen Anteil des Geistes bezeichnen kann, denn gerade dieser und nicht das Objekt ist das Bestimmende. Es heisst vielmehr eigentlich „etwas sehen und sich in irgend einer Weise zu Gemüte führen", also z. B. „erkennen", indem der Geist die Identität der eben empfangenen Gesichtseindrücke mit früheren, durch das Gedächtnis festgehaltenen konstatiert; so Ψ 450. 453:

Ἀργεῖοι δ' ἐν ἀγῶνι καθήμενοι εἰσορόωντα
ἵππους· τοὶ δ' ἐπέτοντο κονίοντες πεδίοιο.
πρῶτος δ' Ἰδομενεὺς Κρητῶν ἀγὸς ἐφράσαθ' ἵππους·
ἧστο γὰρ ἐκτὸς ἀγῶνος ὑπέρτατος ἐν περιωπῇ,
τοῖο δ' ἀνευθεν ἐόντος ὁμοκλητῆρος ἀκούσας
ἔγνω· φράσσαιτο δ' ἵππον ἀριπρεπέα προὔχοντα...

Die Pferde sahen alle Argiver, aber (bestimmte) Pferde
erkannte zuerst Idomeneus, denn er erkannte die
Stimme des Lenkers und das eine auffallende Pferd, einen
Fuchsen mit einem weissen Fleck auf der Stirn. Oder
φράζεσθαι heisst „betrachten", fast „bewundern", wie δ 71
φράζεο — χαλκοῦ τε στεροπὴν κὰδ δώματα ἠχήεντα
χρυσοῦ τ' ἠλέκτρον τε ... h. Ven. 84 Ἀγχίσης δ' ὁρόων
ἐφράζετο θαύμαινέν τε εἶδός τε μέγεθός τε καὶ εἵ-
ματα σιγαλόεντα. So bedeutet ἀρι-φραδής nicht wie
ἀρι-πρεπής „leicht sichtbar", sondern „leicht kenntlich,
leicht herauszufinden", z. B. Ψ 240 ὀστέα Πατρόκλοιο Με-
νοιτιάδαο λέγωμεν εὖ διαγιγνώσκοντες· ἀριφραδέα
δὲ τέτυκται.

So weist also auch die Verbindung von φράζεσθαι
mit sinnlichem Objekt deutlich darauf hin, dass die Grundbedeutung von φράζειν eine sinnliche ist und musste deshalb hier erwähnt werden. Von rein geistigen Vorgängen
gebraucht bedeutet es eigentlich „sich etwas im Geiste klar
machen". daher „erwägen, bedenken" u. s. w.

φυτεύω

„pflanze" (z. B. σ 359 δένδρεα μακρὰ φυτεύων. Tyrt. fr.
5, 3 Μεσσήνην ἀγαθὴν μὲν ἀροῦν, ἀγαθὴν δὲ φυτεύειν
„bepflanzen". Alc. fr. 44 μηδὲν ἄλλο φυτεύσῃς πρότερον
δένδριον ἀμπέλω) kommt in der übertragenen Bedeutung
„zeuge" bei Homer noch nicht vor, zuerst bei Hesiod Op.
812 ἐσθλὴ μὲν γάρ θ' ἥδε (sc. ἡ ἡμέρα) φυτεύειν ἠδὲ
γενέσθαι ἀνέρι τ' ἠδὲ γυναικί. Scut. 29 ἀρῆς ἀλκτῆρα φυτεῦσαι. Ferner h. Merc. 160 μεγάλην σε πατὴρ ἐφύτευσε
μέριμναν θνητοῖς ἀνθρώποισι καὶ ἀθανάτοισι θεοῖσι.
Pind. P. 4, 144. 256. N. 5, 7 ἐκ δὲ Κρόνου καὶ Ζηνὸς
ἥρωας αἰχματὰς φυτευθέντας καὶ ἀπὸ χρυσεᾶν Νηρηΐδων.
7, 84 λέγοντι γὰρ Αἰακόν νιν — φυτεῦσαι.

χώρα

wird besonders von dem jemandem gehörigen Platz
gebraucht, so schon von Homer Ψ 349 ὣς εἰπὼν Νέστωρ

Νηλήιος ἄψ ἐνὶ χώρῃ („auf seinen Platz") *ἕζετ'*. π 352 *Ἀμφίνομος ἴδε νῆα, στρεφθεὶς ἐκ χώρης* (nachdem er sich von seinem Platze aus umgedreht hatte, s. Am.-H. z. d. St.). Pind. P. 4, 273 *ῥᾴδιον μὲν γὰρ πόλιν σεῖσαι καὶ ἀφαυροτέροις · ἀλλ' ἐπὶ χώρας* („auf ihren Platz") *αὖτις ἕσσαι δυσπαλὲς δὴ γίνεται*.

So ist *χώρα* der Posten des Soldaten in der Schlacht, wie der einem zuerkannte Ehrenplatz oder Ehrensitz. Aus diesem eingeschränkten Gebrauch des Wortes konnte sich leicht die Bedeutung „Rang, Ehre, Achtung" entwickeln.

Diese Metapher findet sich zuerst bei Theognis v. 822:

οἱ δ' ἀπὸ γηράσκοντας ἀτιμάζουσι τοκῆας,
τούτων τοι χώρη, Κύρν', ὀλίγη τελέθει.

An dem Text ist nichts zu ändern; der Vers heisst einfach: „deren Ehre, Kyrnos, ist gering". Buchholz vergleicht Xen. Anab. V 7, 28 *ἐν οὐδεμιᾷ χώρᾳ ἔσονται*. Ferner lesen wir bei Theognis v. 152:

ὕβριν, Κύρνε, θεὸς πρῶτον κακὸν ὤπασεν ἀνδρί,
οὗ μέλλει χώρην μηδεμίαν θέμεναι.

Auch hier können wir von der übertragenen Bedeutung ausgehen und übersetzen: „dessen Ehre, Ansehen er zu nichte machen will"; doch verdient Beachtung Bergks Ansicht, dass hier auf den in Verfluchungsformeln üblichen Ausdruck *ἄχωρος* angespielt wird (Hesych. *ἄχωρος · ἐν κατάρᾳ λέγεται ὁ μήτε τάξιν βίου μήτε κατάστασιν οἰκίας ἔχων*, bestätigt durch die Grabinschrift bei Kumanudis 2585); es wäre darnach also etwa zu übersetzen: „den er unstät und flüchtig machen will".

Aesch. Ag. 78 *Ἄρης δ' οὐκ ἐνὶ χώρᾳ* ist augenscheinlich verderbt; Wecklein vermutet *ἐνὶ πείσῃ* nach Hesych. *ἐν πείσῃ · ἐν χώρᾳ*.

ὠμός.

Der Begriff von *ὠμός* ist weiter als der unseres „roh", in sofern *ὠμός* nicht nur das Ungekochte und Unbearbeitete, sondern auch das Unreife bezeichnet. „Reif" ist nämlich für den Griechen so viel als „von der Sonne gar gekocht" (πέπων von W. πεπ, πεπιός Curt. GZ. No. 630)

Die Glosse des Hesychius ὠμόν · ἄωρον, ἄγριον gibt richtig die doppelte Art der Übertragung an. ὠμός bedeutet metaphorisch:

1) „frühzeitig, vorzeitig", wobei an unreife Früchte gedacht ist.

2) „ungemildert, ungeschlacht, grausam, wild" Man mag dabei ebensowohl an Fleisch, das in seinem ungeniessbaren Naturzustand geblieben ist, wie an die Härte und Herbheit unreifer Früchte denken, wie denn das Gegenteil πέπων übertragen „mild, freundlich" bedeutet (z. B. Aesch. Eum. 66 ἐχθροῖσι τοῖς σοῖς οὐ γενήσομαι πέπων. fr. 259 ἀνὴρ δ' ἐκεῖνος ἦν πεπαίτερος μόρων. Ag. 1364 Ob in der homerischen Anrede ὦ πέπονες wirklich πέπων „reif" vorliegt, möchte ich bezweifeln).

Bei Homer findet sich neben der eigentlichen Bedeutung nur die erstere Übertragung: ο 357

ἐκπάγλως γάρ παιδὸς ὀδύρεται οἰχομένοιο
κουριδίης τ' ἀλόχοιο δαΐφρονος, ἥ ἑ μάλιστα
ἤκαχ' ἀποφθιμένη καὶ ἐν ὠμῷ γήραϊ θῆκεν,

deren Tod ihn „in ein vorzeitiges Greisenalter versetzte". So auch Hes. Op. 705 ἥτ' ἄνδρα καὶ ἴφθιμόν περ ἐόντα εὔει ἄτερ δαλοῖο καὶ ὠμῷ γήραϊ δῶκεν.

Eine andere Anschauung liegt vor in dem comp. ὠμογέρων, wie Odysseus Ψ 791 heisst. Wie in πέπων der Begriff des ἔκλυτον (Apoll. L. H.) liegen kann, so kann ὠμός die noch nicht völlig mürbe oder der Fäulnis nahe Frucht bezeichnen; ὠμογέρων ist also ein Greis, den das Alter noch nicht mürbe gemacht hat. Ein Gegenstück hiezu finde ich in dem 87. Fragment des Anakreon· κνύζη τις ἤδη καὶ πέπειρα („Vettel") γίνομαι σὴν διὰ μαργοσύνην.

Bei Aeschylus steht in verderbtem Zusammenhang Sept. 320 ὠμοδρόπων, was entweder, wie die Lexika angeben, auf ὠμόδροπος „unreif gepflückt", d. i. cui ante iustum nuptiarum tempus virginitas decerpta est, oder auf ὠμοδρόπος „unreif pflückend" zurückgeht, wie der Scholiast las;

denn er erklärt ὑπὸ τῶν ὠμῶς αὐτῶν δρεπομένων (med.) τὴν ἥβην πρὸ τῶν νομίμων γάμων.

In der zweiten Weise übertragen findet sich ὠμός nicht vor einem Epigramm der Erinna fr. 6, 4 ὠμοτάταν Βαυκοῖς — τύχαν (das grausame, herbe Geschick), dann bei Aeschylus Sept. 523 ὠμὸν — φρόνημα. Suppl. 193 ὠμῇ ξὺν ὀργῇ. Ag. 1029 ὠμοί τε δούλοις πάντα. Ch. 472 δι' ὠμὰν ἔριν αἱματηράν. ὠμόφρων Pers. 913. Sept. 717. Ch. 420. ὠμοδακὴς — ἵμερος Sept. 679 (Passow: „wild genagt oder gereizt"; vielmehr „wild fressend").

www.ingramcontent.com/pod-product-compliance
Lightning Source LLC
Chambersburg PA
CBHW031403160426
43196CB00007B/869